ars vivendi

Helmut Haberkamm

Edzerdla

hammers

Hundert Gedichte, Lieder & Dexde
in fränkischer Mundart

ars vivendi

Originalausgabe

Erste Auflage 2024
© 2024 by ars vivendi verlag
GmbH & Co. KG, Cadolzburg
Alle Rechte vorbehalten
www.arsvivendi.com

Lektorat: Elmar Tannert
Umschlaggestaltung: ars vivendi
Typografie und Ausstattung: ars vivendi
Druck und Bindung: CPI books GmbH, Leck
Gedruckt auf holzfreiem Werkdruckpapier
der Papierfabrik Arctic Paper

Printed in Germany

ISBN 978-3-7472-0605-8

Edzerdla hammers

Der Mensch, welcher das Leben bloß mit dem Verstande
ohne innere Poesie genießt, wird ewig ein notdürftiges
mageres behalten, wie glänzend auch das Geschick
dasselbe von außen ausstatte.
Jean Paul (1763-1825)

Inhaltsverzeichnis

3 Lauder so Woor aus Gidderbarri

4 Balladn derzälln uralde Gschichdn

5 Dragische Gschichdn aus Gidderbarri

6 Hinnerwidder & redur

7 Schlenderer & Ziggareddnberschla

I Edzerdla hammers

Edzerdla

Edzerdla
Machmer wos, wos so nunni geem hadd doo bei uns
Wossi mei Lebdooch scho immer gern doo kabbd
    hädd
Wos die Leid oosprichd und oogehd, wossi oodrabbd
Wosna a Freid mächd und wossi nämmer vergessn

Hobb edz, edzerdla machmers
Wemmers edz nedd selber machn, werds nie mehr wos
Ward nedd, bis die annern machn
Ward nedd, bisd eigloodn wersd und bisdi froong
    denna
Ward nedd, bisd des Geld beinanner hasd
Bis die richdichn Leid kumma
Bis die Zeid reif is dafier
Edzerdla machmers – ganz egool wies na läffd!

Und heid edzerdla
Stehi doo und edzerdla gibbds des wergli!
A Fesdiwäll, zwaa Dooch mid drei Bühna
A boor hunnerd Leid, wu aufdreedn und midhelfn
    und ärbern
Und so a Haufn Leid, wu herkumma sinn zum
    Zuhorng
Wussi freia, wu wos spiern und mid hammnehma doo
    dervoo

Edzerdla gibbds des wergli
Zum erschdn Mool gehds in Frankn nedd um die
    Worschd

Nedd ums Bier, ummern Wein, ummern Karpfn,
    ummern Gree

Edzerdla
Gehds um nix annersch wie um unner Sprooch
Edz gehds nedd um Bollidigger und Brozende
Nedd um Gwoodn, um Gelder und Brofidde
Nedd um Brommis, Speggdaggl und Iwenz
Nedd um Skandale, Dragödien und Kaddasdroofn

Edzerdla
Gehds um nix annersch wie um unner Mundoord
Edz gehds nedd um die Broodworschd odder ummern
    Boggsbeidl
Nedd ums Schaiferla, ummern Spargl odder um die
    Gleeß
Nedd um Greider Ferd und nedd ummern Glubb,
Nedd um Brose und HC, um Eisdaigers odder Kiggers
Nedd ummern Daadord odder die Fassnachd –
Edzerdla gehds um nix annersch wie um unner
    Sprooch
Die wummer all Dooch in Mund nehma denna

Edzerdla
Reedmer so, wie uns der Schnoobl gwaggsn is
Grood oo, ausm Bauch und frisch vo der Lebern
Wies auf der Zunga lichd und wie uns der Hoobern
    stichd
Wies im Moong lichd und an die Finger bichd
Wies uns ums Herz rum und im Kopf drin is

Edzerdla

Gehds um nix annersch wie um unner Sprooch

So alldägli und so komisch

So wergerdeechi und so feierli

So underschiedli und so obergäri

So gscheerd und so geisdreich

So gsetzd und so hupferd

So gmiedli, kobberneggisch und nissi

So siererd und herzli

So belzi und so fuggsdeiflswild

Edzerdla

Gehds um nix annersch wie um unner Sprooch

Und alla sperrn die Ohrn auf und horng zu

Aa wenns ganz annersch glingd wie derhamm

Aa wemmersi oostrenga muß, daßmers verstehd

Aa wenns nedd immer glei des is, wosmer heern
      meecherd

Mer blabbd dabei, mächdsi auf und horchd zu

Edzerdla

Mergmer, daßmer mehr midnanner zu doo hamm,
      wiemer maana

Daßmer uns mehr zu soong hamm, wiemer dengd
      hamm

Daßmer mehr zu geem hamm und fier uns
      miednehma

Daßmer allmidnanner mehr grieng und verstenna und
      erreing kenna

Wiemer dengd hamm

Edzerdla hammers
Edzerdla simmers
Edzerdla baggmers
Edzerdla baßds
Edzerdla fangmer oo
Edzerdla gehds los
Edzerdla werds wos
Edzerdla stimmds

Und nacherdla
Nacherdla wermer scho sehng
Na wissmer mehra
Na hammers alla zeichd
Wosmer sinn und machn kenna
Und nacherdla
Na schaumer amoll
Na sehngmer scho
Des greengmer scho
Au Wunner
Mensch
Des wär doch glachd!

Franken, die Heimat vom Midnanner & Machmied

Wos machd ihr doo?
A Fesdiwäll?
Fier wos solldn des gud sei?
Wos solldn des bringa?
Ja, wer brauchd denn sowos?
Wer solldn des alles na bezohln?

Wu wolldern des na machn?
Wu? Wu isn des? Des kennd doch ka Sau!
Des is doch vill zu weid wech.
Worum maggsdn des nedd doo bei uns?
Ja, wer solldn doo na kumma?
Wu sollmern doo bargn?
Kammer des derlaafn?
Den Drumm Berch dord nauf?
Des werdmer scho so a Gaudi wern!

Des is doch vill zu groß.
So a Haufn Leid doo.
Des is doch vill zu deier.
Zwaa Dooch?
Des is doch vill zu lang.
Jeder bloß a halba Stund?
Des is doch vill zu korz.
Drei Bühna?
Des is doch vill zu vill.
Des is alles vill zu ieberdriem und ieberhabbds.

Des is doch alles vill zu gfährli.
Doo kann fei a Haufn bassiern.
Wenn doo a Käldn kummd odder a Sturm!
Doo brauchd bloß amoll a Gwidder kumma, na hasders!
Laß doo amoll in Blitz neischloong
Laß doo amoll so richdi runderschiffn
So an richdin Wolgnbruch mid Storzreeng,
    Schloochreeng, Stargreeng
Au Wunner, Grißdi Godd na!
Na schauder schee bleed aus der Wäsch!

Na willi eich sehng
Wosser na soong dädd
Na glotzder saudaamisch doher im ganzn Schlammassl
Batscherdnaß und zammgsaid wie a dersuffner Ratz.
Doo schwemmds eich na eier ganza Gstellaaschi
    dervoo!
Na habbder in Buggl voller Schuldn
Und die Ohrn voller Schimpfer, Schand und Streid!

Kummdmer na bloß nedd doher und jammerd.
Wall ich hobbs eich ja glei gsochd
Mir woor des vo Oofang oo scho gloor
Des haddmer ja aa kumma sehng
Obber ihr horchd ja nedd und gedd auf ka Red
Naja, ihr werd scho sehng, wie weid dasser kummd
Mid eierm großmächdin Fesdiwäll doo
Ihr werd na scho sehng, wu des hiefiehrd
Und wos doo rauskummd derbei.

Gspannd binni
Obber im Grund gnumma ismers worschd.

Ich hobb an Draum

Heid is der Dooch
Wu die Mundoord a Fesdla feierd
Wummer heern, wie schee daß des glingd.
Heid is der Dooch
Wummer spiern, wie wichdi daß des is.
Heid is der Dooch
Doo hobbi an Draum.

Doo draami
Daß der, wu Mundoord redd
Nedd bleeder sei muß
Wie die annern mid ihrm Duudn-Deitsch
Ka Doldi aus der Bamba
Ka Bauer vom Kaff.

Heid is der Dooch
Doo draami
Daß Fränkisch nedd bloß saukomisch is
Nedd bloß gscheerd und bleed und bloß a Gschmarri
Naa – daß blitzgscheit is, rotzfrech und affnstarg
Warm wie Blud und gschmeidi wie Hoonich
Voll kuhl und geil und grass und richdi hibb.

Heid is der Dooch
Doo draami
Daßmer im Fernseh nedd bloß Bairisch heerd
Sondern aa a echds Fränkisch
Und kanner sachd: Des verstehdmer ja nedd!
Wer willdn sowos heern?

Heid is der Dooch
Doo draami
Daß die Leid, wu im Radio all Dooch
Musigg auf englisch, franzeesisch, idalljenisch heern
Vo denna wu kanner sachd: Des verstehdmer ja nedd!
Daß die Leid, wennsi na Fränkisch heern
Soong denna: Mensch, glingd des schee!
Des meecherdi edz efders heern!
Doo gehds ja um uns.

Heid is der Dooch
Doo draami
Daß die Leid in Frankn
Die Sachn vo ihr Künsdler schätzn und meeng
Dassis heern und lesn wolln, wossi zu soong hamm
Wossi schreim und singa und spilln
Egool ob in Under-, Middl- odder Oberfrankn
Egool obs schwer is odder leichd
Haubdsach es dauchd wos und hadd an Weerd.

Heid is der Dooch
Doo draami
Daß aamoll im Moonerd in jedera Zeidung in Frankn
A fränkische Beilooch gibbd
Vo alle Zeidunga midnanner gmachd
Fier alle Leid doo in Frankn
Mid lauder fränggische Deemen
Daßmer uns kenna und sehng und verstenna.

Heid is der Dooch
Doo draami
Daß mindestens aamoll am Dooch im Radio

So wie in Bremen auf Bladddeitsch
Bei uns die Noochrichdn auf Fränkisch kumma
Und kanner find des komisch odder zum Lachn.

Heid is der Dooch
Doo draami
Daß a fränkischer Boliddiger am Miggrofoon
Endli amoll ka so a gstelzdes, gschwollns Grawaddn-
    Deitsch balaaberd
Sondern so redd, wiesn sei Zunga eigibbd und
    vorschrabbd
Sei Mundoord, so wiesi kerd und wies aa baßd!

Drum soochi heid:
Redmer wie uns der Schnoobl gwaggsn is
Redmer wies uns vom Herzn kummd
Redmer wiemers in Erinnerung hamm
Redmer wiemers keerd hamm vo Mudder und Vadder
Vo Großvadder und Großmudder
Redmer wies glinga soll in dera Landschafd
Redmer wies vo Mund zu Mund fliechd
Und wies zammschwaaßd und aufnimmd
Und nedd drenna dudd und nedd ausgrenzd
Wall wer drenna will, schlechdmachn und
    nausschmaaßn
Der kerd nedd zu uns.

Wallmer doo leem wolln
Wie Godd in Frankn.

Edzerdla Fränkisch

Heidzerdooch fängd alles oo
mid aana Daadnschutzerglärung
bloß zu deiner Sicherheid nadierli, alles gloor.

Alles wossi edz sooch, des sinn nix wie mei Daadn
die sinn einzich und allaans auf meim Miesd gwaggsn
die bleim hafdn und kammer noochlesn schwarz auf
    weiß.

Mei Daadn denn kanna Muggn wos
die sinn aa nedd geecher ergnd an Driddn grichd
die kammer an die Wänd glatschn odder widder
    löschn.

Horch, ich verwend fei ka Kuggis und Duuls.
Moggsd du gwieß a boor Kuggis odder a Duul?
Bei mir bisd doo fei beim Falschn gland.

Mei Dexde hamm an Fluchdweech
wennsder nedd baßd, kannsdi schleing.

Mei Dexde hamm an Brandschutz
wennsd maansd, des is ka Selberbrennder, na hasdi fei
    brennd.

Mei Dexde hamm an eibaudn Feddabscheider
wersi zuvill rausfaßd, grichd sei Fedd ab.

Mei Dexde sinn wie a Biogasonlooch
aus jedm Dregg machmer nu Wärm und Strom.

Mei Dexde sinn wie unner Windredder
die rauschn und reddn, daßmer maand, mir dreha
   durch.

Mei Dexde sinn energieeffiziend
wosmer neisteggd, kummd dausndfach hindn widder
   raus.

Mei Dexde, des is mei Sprooch
nadurbelassn und lufdgekühld
niederschwellich und massnkombadiebl.

So ismer der Schnoobl gwaggsn
so rumbld die Zunga rum zwischer die Zäh
so bumberd des Herz drin in der Brusd.

Ja, so läffd der Hoos
so genna die Gäng
so schlaggern die Ohrn.

So schreim mir unner Dexde
Allmächdnaa Fränkisch
Wos solldn des haaßn?

Ka Geheimdiensd kanns lesn
die Frau Gugel schaud wie der Oggs vorm Berch
der Herr Amazon grichd die Freggn

Ja, des is Fränkisch
Draufgänger Worschdfinger Bauernfänger
Sternsinger Glüggsbringer Volgsempfänger.

Zertifizierter Phrasensprenger
ohne Schumml-Sofdwehr
ohne versteggdn Zugger

nährstoffreich und schadstoffarm
sandgstrohld und feierverzingd
virengschützd und muldiresisdend.

Wennsd des moggsd
Waßd, wosd na maggsd?
Na reddsd edzerdla Fränkisch!

2 Des is mei Dorf: Gidderbarri

Des is mei Dorf

Des is mei Dorf
Ich kenn a jeds Haus
Ich waaß die Weech
Ich kennmi aus.

Ich kenn die Zeid
Ich kenn die Leid
Ich kenn aa ihr Gsichd
Und alla ihr Gschichd.

Ich waaß die Woor
Die Sach is mir gloor
Ich kenn jeda Freid
Und jedn sei Leid.

Ich kenn aa der Nachd
Ihr finsdera Frachd
Ich kenn aa dem Dood
Sei eiskalds Gebood.

Des is mei Dorf
Ich waaß die Woor
Ich kenn a jeds Drumm
Mir mächdmer nix vor!

Naa! – Mir mächd kanner wos vor!
Mir mächd so schnell kanner wos vor!
Kinner und Leid!
Ich waaß Bescheid!

Mei glanns Kaff

A glanns Rädla
A glanner Schuh
A glanns Mädla
A glanner Buu
A glanns Sächla
A glanns Beddla
A glanns Gässla
A glanns Gärdla

In so an glann Kaff
Doo ziehngs aan auf
Doo richdns aan oo
So a glanns Kaff doo
Des baud aan auf
Des haud aan nauf
Des mächd aan froh
Des ziechd aan roo
So wäggsdmer auf
Mid der Zeid kummdmer drauf

A junger Spund
Mid junga Baa
A junger Kund
A junga Fraa
Glanna Kinner
Glanna Drimmer

A glanns Haisla
A glanns Schmaisla
Diefer Schlummer
Großer Kummer
Ach Kinner und Leid
A ganz annera Zeid
A Haufn sinn ford
Gebliem is der Ord

In so an glann Kaff
Doo ziehngsdi auf
Doo richdnsdi oo –
Ach, mei glanns Kaff doo
Des baudmi auf
Des haudmi nauf
Des mächdmi froh
Des ziechdmi roo
Doo drin bliehi auf
Doo drin gehi drauf

A und O

Des Leem hadd a Gnerzla kabbd und a reescha
  Grusdn
Doodnnissle hadds geem und Hitzerblooz auf die
  Baggblecher
A Spitzbuumladdern is naufganga zu Moongdretzerle
  und Naschwoor
Barfießi woormer mid die Graudstampfer im
  Gmantschi drin im Faß
Versteggerles am Schäferwoong und Rotzgloggn im
  schwaaßin Gsicht
Mid Hochwasserhosn und Nachddopfschnidd bei die
  Schießbudenrosn

No, glanner Buu, wem kerschdn na du?
Bisd gwieß deim Vadder sei Glennsder?
No, glanner Buu, wie haßdn na du?
Wie schrabbsdin na du?
Bisd gwieß deiner Mudder ihr Schennsder?

Blaua Scherzer in die Graudbeeder und bei die
  Haggstegg
A Dreschhitzn und Heibegg mit Essichwasser und
  kaldn Kaffee
A Roggerstumm mit Weidnrudn, mit Bohnerwachs
  und Redderspitz
Des Herz is a Kernerdank, a Kicherbiffee, a Nähkäsdla,
  a Bienastogg
Gsichder in Wasserlachn zwischer Milchkanna und
  Viechwooch
Die Henna scharrn Hieroglyphen nei in Aschenhaufn

Doo binni mid die Schnoogn gfloong
Doo woori in Herrgodd seim Worschdkessl drin
Doo binni auf der Milchsubbn dohergschwumma
Doo haddmi der Storch na brachd
Doo hammi die Gäns ausglachd

Des woor des A und des O, 1 A ausm Eff-Eff
Ka X fier a U, vill mehr wie a Dipferla aufm i
Aha-Erlebnis und Allmächd-naa-Dooch
Ach-ja und Waßd-nu und Wies-hald-so-woor
Nix fier ungud, baßd scho, alles gloor

A scheens glanns Dorf

Des waaß a jeds

Worum bei denna des Lichd brennd scho underm
   halbn Dooch
Die ganz Nachd durch brenna bei denna die Lichder
Stundnlang brennd bei denna des Lichd bis in der
   Frieh
Worum bei denna des Lichd brennd, obwoll ka
   Mensch zunna kummd

Des waaß a jeds

Wos die widder alles schaua denn
Wos die alles dreim denn
Wos die widder machn wern
Wos doo gspilld werd

Des waaß a jeds

Mer sichdsna ja aa oo
Des siggsd an ihr Gsichder
Des siggsd an ihra ganzn Woor
Mer sichds ja aa an die Kinner

Des waaß doch a jeds

Obber sowos bei uns doo
Und des in der heidichn Zeid

Also a bißla wos lassermer scho eigeh
Obber aamoll muß a Ruh sei

Horch, des sachd fei a jeds

Biecherbus

Aamoll im Moonerd kummd der Biecherbus
Der häld na an der aldn Schull
Im Schaddn vo die Kasdoona

Na gehd die Dier auf
Und drinna hoggd der Goethe
Mid seim Stembl und sei Leihkardn
Der froochdi na, wosd gern lesn meechersd

Und wennsd nedd glei wos waßd und saggsd
Na zeichder auf die ganzn Männer im Bus
Die wummer alle ihr Biecher vor die Nosn haldn

Der Mays Koorl
Der Schillers Fritz
Der Büchners Schorsch
Der Hessn Hermann
Der Kleists Heiner
Der Manns Doomers
Der Steinbecks Hans
Der Shakespeares Willi
Der Hemingways Ernst
Der Dostojewskis Freddi

Der Brecht is der Fohrer
Der hoggd edz im Schaddn
Und rauchd sei stinkerda Zigarrn
Daßmer sein Schwaaß nedd so riechd
Der schaud immer die junga Maadle nooch
Und singd Lieder vo Messer und Whisky
Heid dudder lesn in aana Fußballzeidung
Und schimpfd iebern Doggder Benn
Wall derna ums Verreggn ka Schmerzdableddn mehr
  verschrabbd

Draußn im Wald

Draußn im Wald
Hadds a glanns Schneela gschneid
Drum is so kald

Draußn im Flur
Sichdmer ka Kinner und Leid
Drum stehd aa mei Uhr

Drauß aufm Feld
Werd edz fesd gspritzd und gstreid
Drum stingd edz die Welt

Drauß auf die Wiesn
Werd des Groos gmähd und keid
Drum mußmer edz niesn

Drinna im Dorf
Gibbds bloß nu Neid und Streid
Des juggd wie a Schorf

In goor kann Haus
Singdmer des Liedla mehr heid
Drum is edz aus

Diggerla, geh hamm!

Diggerla, geh hamm!
Sunsd scheißerdi gscheid zamm!
Mach a glanns Niggerla
Sunsd griggsd a Driggerla
Odder aara Zwiggerla!
Hobb, Diggerla, geh hamm!
Sunsd scheißerdi gscheid zamm!

Diggerla, geh hamm!
Sunsd scheißerdi gscheid zamm!
Beiß nei ins Biggerla
Sunsd griggsd ka Stiggerla
Schluggs noo des Breggerla!
Hobb, Diggerla, geh hamm!
Sunsd scheißerdi gscheid zamm!

Morng simmer widder am Damm
Na saimer uns gscheid zamm
Im Läbberi und im Schlamm
So ball genn mir nedd hamm!

Diggerla, geh hamm!
Sunsd scheißerdi gscheid zamm!
Mach a glanns Niggerla
Sunsd griggsd a Driggerla
Odder aara Zwiggerla!
Hobb, Diggerla, geh hamm!
Sunsd scheißerdi gscheid zamm!

Mama, heersd die alde Dampflok pfeifn?

Sie is groß, schwarz und glänzerd
Und rod wie a Feierstrohl.
Die Maadle stenna auf Pferde
Obber er mooch bloß des aane Pferd aus Rauch und
    Stohl.

Er hadd ihr Bild gsehng auf aana aldn Kardn
Vonnera glesn hadder in am Buch
Bisn na gsachd hadd, daß doo nu aane rumfährd
Und edz willern sehng, den aldn Zuuch.

Mama, ich heererd gern die Dampflok pfeifn!
Kumm, mir genna auf große Fahrd!
Mama, ich heererd gern die Dampflok schnaufn!
Hobb, edz gemmer auf große Fahrd!

Aufera wardn dudder am Muggendorfer Bohnhof
Sei Ohrn sperrder auf, obmers scho heerd.
Er horchd, bissers fasd nämmer aushäld
Wann kummdsn endli? Doch, edz hobbis keerd!

Mama, heersdn nedd die Dampflok pfeifn?
Um die Kurvn kummds glei gfohrn!
Mama, heersdn nedd die Dampflok schnaufn?
Um die Kurvn kummds edz gfohrn!

Edz stehder vorna bei dera Dampflok
Sei rußis Hemmerd fladderd im Wind

Sei Aung, die fanga oo zu dräna
Edz isser King und sie die Könichin!

Mama, heersd die alde Dampflok pfeifn?
Kumm, edz fohrmer auf und dervoo!
Mama, heersd die alde Dampflok schnaufn?
Hobb, edz fohrmer auf und dervoo!

Mama, heersd die alde Dampflok pfeifn?
Mensch, edz fohrmer auf und dervoo!
Mama, heersd die alde Dampflok schnaufn?
Von der moochi, von dera willi nämmer roo!

Hollerie Holleroo

Hollerworzl, Hollerschafd
Gibbmer Gsundheid, gibbmer Grafd!
Hollerstogg, Hollerblieh
Dassi froh bin alle Frieh!
Hollerstaudn, Hollerstraibl
Jooch mei Leidn all zum Deifl!
Hollerie Holleroo!

Hollersteggn, Hollerruudn
Wend mei Lebdooch all zum Gudn!
Hollerbuschn, Hollerstrauß
Mach aus allm des Besde draus!
Hollerstaudn, Hollerstraibl
Jooch mei Leidn all zum Deifl!
Hollerie Holleroo!

Hollerseggd und Hollersafd
Derhald mei Gsundheid, derhald mei Grafd!
Hollersirub, Hollerschelee
Na sinn mei Lebdooch gliggli und schee!
Hollerstaudn, Hollerstraibl
Jooch mei Leidn all zum Deifl!
Hollerie Holleroo!

Hindn in der Ägelsbach

Maadla, gemmer Schwarzbeer rupfn!
Hindn in der Ägelsbach!
Demmer dord im Groos rumhupfn!
Hindn in der Ägelsbach!

Demmer nei die Dörner schlupfn!
Hindn in der Ägelsbach.
Hobb edz, demmer Beerle zupfn!
Hindn in der Ägelsbach.

Heersd die Groha in der Kupfn?
Hindn in der Ägelsbach.
Wissersi im Neesd verschlupfn?
Hindn in der Ägelsbach.

Draudi, du dei Glaadla lupfn!
Hindn in der Ägelsbach.
Kumm edz, demmer Härle zupfn!
Hindn in der Ägelsbach.

Maadla, gemmer Schwarzbeer rupfn!
Hindn in der Ägelsbach.
Hobb edz, demmer Beerle zupfn!
Hindn in der Ägelsbach.

Des Drei-Schorschn-Haus

In unnerm Dorf doo gibbds a Haus
Des gfälld an jedn Borsch
Die Leid, die nenners »Drei-Schorschn-Haus«
Wall all Dooch siggsd dord an Schorsch.
Under der Wochn kummd der aane Schorsch
Am Samsdooch kummd der anner
Am Sunndooch siggsd in driddn Schorsch
Mein lieber Spitz, doo isder wos beinanner!

Drei Männer genn dord aus und ei
A jeder is a Schorsch
Die Leid zerreißnsi des Maul dabei
Die Schorschn is des worschd.
Wall dord in dem Drei-Schorschn-Haus
Doo muß die Mannsbilder gfalln
Die Fraa, die is ihr Schatz und Maus
Fier die Leid, doo issi a Schnalln.
Drum grichd aa die Drei-Schorschn-Lies
Ka guds Word und aa ka Grieß
Obber der Lies, der is des worschd
Sie hadd ja ihr drei Schorsch.

Des mid die drei hadd brima glabbd
Wos hamm die glachd und gfeierd!
Des Ganze hadd sei Ordnung kabbd
Wall a jeder woor verheierd.
Ja gude Leid, des Aane is gwieß
Dord bei der scheen Drei-Schorschn-Lies
Doo gehdsder rund wie in Baris
In dem Drei-Schorschn-Barradies!

Drei Männer genn dord nei zur Lies
A jeder is a Schorsch
Dord finnersi ihr Barradies
Alles annere isna worschd.
Wall dord in dem Drei-Schorschn-Haus
Doo finnersi ihr Gligg
Dord is ihr Schatz, ihr Zuggermaus
Dord is ihr besdes Stigg.
Ja, ieber die Drei-Schorschn-Lies
Doo schändn alle wie am Spieß
Bloß der Lies, der is des worschd
Sie hadd ja ihr drei Schorsch.

Der Stodder-Hans

Er drächd Schlangaschuh und an Bisamhud
Er sächd nedd vill und grichd leichd sei Wud
Der Stodder-Hans

Sei Fraa is vonna ford mid die Kinner und midn Geld
Der Kerl is ka Engl und der is waaß Godd aa ka Held
Der Stodder-Hans

Sie hamm a eings Haisla kabbd, und er an scheena
    Dschobb
Edz hadder goor nix mehr, wall edz is des alles ford
Der Stodder-Hans

Sei Audo fährd a annerer, so Glaader drächd bloß nu
    aaner wie der
Er hadd nix aufm Kondo, underm Bedd doo lichd a
    Gwehr
Dord beim Stodder-Hans

Sei Vadder is lang scho gstorm, seina Mudder brichder
    is Herz
Er is a komischer Gnochn, er is a Subbn mid vill zu
    vill Gwerz
Der Stodder-Hans

Edz neili, doo gehder auf die Kassa, doo sichder sei
    alds Audo dervoor
Inna sichder zwaa masgierda Kerl, mid Bisdoln und
    Zeich und Woor

Na läffder hamm und holld sei Gwehr, und stelldsi
   hinder a Haus
Dord lauerder auf die Raiber na, die kumma jedn
   Momend raus
Der Stodder-Hans

Na gehd alles Schlooch auf Schlooch, es gibbd a mords
   Schießerei
Gnall auf Fall leeng na Dooda rum, erschd aaner, na
   zwaa, na drei
Und aa der Stodder-Hans

Der Bisamhud woor voller Blud und der ganz
   Gehsteich voller Geld
Am End doo woorer doch a Engl, doo woorer sugoor
   nu a Held
Der Stodder-Hans

Mensch, wos hamms den immer gärcherd, waller gatzd
   hadd und komisch gredd
Am End doo hadders allna zeichd, doo woorer ka
   Säfdl und ka Doldi nedd
Der Stodder-Hans

Der Stodder-Hans vo Gidderbarri

Der Hormers

Ieberm Dorf joong die Wolgn derhie wie rußia Gall
Iebern Himml drieber nieber so finsder und grau.
In der Werdschafd doo hoggns beim Schoofkopfn dord
Und der greßd Keenich werd gstochn vo aana Sau.

Der Mond droom sichd käsi aus und spitz
Der Hof umna rum, der verhaßd a bees Wedder.
Und der Hormers hoggd widder mid seim Boogerfäiß
    dord
Wall zoggn und blöffn, des kanner, der Fregger!

Hindn am Wald sichdmers leichdn und blitzn
Die Aang flieng geechers Fensder und glotzn ins Bier.
Der Hormers blabbd kald wie a Hechd und kardld wie
    a Deifl
Wall wer die Drümpf hadd, der holldsi aa die annern
    ihr Schmier.

Und die Wolgn brechn auf und na gießds und dudd
    schiddn wie aus Kübl
Und Hoogl hauds roo auf die Ziegl und geecher die
    Fassoodn.
A Kibbn hadder zwischer die Libbn und in Raach in
    die Aang
Wirrern rausholld, der Hormers: sein Aldn, sein Blaua
    und sein Rodn.

Wies frieh widder hell werd drund im dunsdin Grund

Doo stehd des Wasser scho in die Wiesn und zwischer
die Banner vom Viech.

Die aldn Glopfer, die hammsi verzoong, sie sinn ausm
Schneider

Bloß der Hormers lichd am Bodn mid am bludrodn
Stiech.

Danzbodngaudi

Die Musigg, wummer heerd
Horch, die is nedd verkehrd
Ihr Rhyddmus und ihr Daggd
Die sinn so, daßdi baggd

Die Maadle, die schwitzn
Die Borschn, die dampfn
Die Händ denna grabschn
Die Fieß denna stampfn

Die Bärle denn danzn
Die Rögg denna flieng
Die Borschn scharwanzn
Dassi Drosselbrand grieng

Na drinkns voller Dorschd und Glusd
In Gruuch leer auf aan Zuuch
Und nehma na ihr Maadla zur Brusd
Daß nedd babberd wie a Buch

Er driggdsi fesd und küßdsi wie doll
Und sie dengdsi fier sich na dabei:
Immer nu besser wie des letzde Moll
Mit dera Dunnerwedder-Messerstecherei!

Kumm, ruggl an dem Bammla

Kumm, ruggl an dem Bammla
Kumm, noddl an dem Stamm
Und wagglns gscheid, die Frichdle
Na glaamersi schee zamm!

Kumm, schüddl fest des Bammla
Kumm, rüddl an dem Stämmla
Daß runderfalln, die Zwetschger
Laß reenga von dem Stämmla!

Lassi danzn in der Händ
Lassi hupfn auf deim Kopf
Bissi rumleeng na im Groos doo
Na kummers nei in Dopf!

Kumm, zeichmer hald dei Stiebla
Kumm, zeichmer aa dei Bedd –
Na zeichdsmer aa ihr Biebla
Obber vo mir is des fei nedd!

Mir sinn so fränkisch wie nix

Mir hamm a Schwedenschanzn, an Schloßgroom und
    an Galgnberch
A Burchmauern und an Dordurm, Heidngräber und a
    Wehrkerch
Under der Dorflindn vorm Werdshaus hat der Luther
    amoll breedichd
Gell, doo glotzd! Ja, wos glabbsdn – uns gibbds fei
    scho eewich!

Draußn in die Grundwiesn, doo woor der Wallenstein
    gleeng
Der Napoleon mid sei Soldoodn is durch unnern Ord
    zoong
In Strauß haddmer aaramoll doo auf die Jachd geh
    sehng
Der Hitler hadd doo gredd und a boor Moßgriech
    zerschloong.

Der Casanova is doo oogstieng, der Goethe hadd doo
    loschierd
Der Dürer hadd doo gmoold und der Cranach hadd
    doo radierd
Unnern Aldoor, den hadd der Riemenschneider in sei
    Finger kabbd
Mir hamm an Heimooddichder, der wu a boor
    scheena Veerschle schrabbd.

Mir hamm a Griecherdenkmool, a Gläronlooch und
  an Gsangverein aa
Unnern Friedhof hamms erweiderd, mid am Bargblatz,
  uns werd alles zu glaa.
A Bierstraß hammer, an Karpfnweech, a
  Boggsbeidlrälly, a Ridderdurnier
Die Synagooch is oobrennd, naja, doo hammer edz a
  boor Bardnerstädd derfier.

Mir sinn gwerfld und gwiefd, mir sinn hald nu wos
  Echds.
Mir hamm, wosmer braung, und des is nix Schlechds!
Unner Zeich sichd wos gleich, mir kenna nedd gloong.
Schlechda Leid gehds immer gud, und wos wohr is,
  därfmer soong.

3 Lauder so Woor
aus Gidderbarri

A Bier mid am Drieb

A Bier mid am Drieb
A Bier mid am Geesd
A Bier mid am Schaam!
Des kanni goor nedd glaam!
Ja, nix is mir so lieb
Wie a Bier mid am Drieb!

A Bamm mid am Drieb
A Bamm, der wu wäggsd
A Bamm, der wu drächd!
Der strotzd vor lauder Frichd!
Der biechdsi, bisser brichd!
Ja, nix is mir so lieb
Wie a Bamm mid am Drieb!

A Lied mid am Drieb
A Lied mid am Schwung
A Lied mid am Pfiff!
Ja des häld fei jung!
Ja, nix is mir so lieb
Wie a Lied mid am Drieb!

A Fraa mid am Drieb
A Fraa mid am Schneid
A Fraa mid am Drall
Ja, des is hald mei Fall!
Ja, nix is mir so lieb
Wie a Fraa mid am Drieb!

A Bier mid am Drieb
A Bamm mid am Drieb
A Lied mid am Drieb
A Fraa mid am Drieb
Ja, nix is mir so lieb
Wie a Lied mid am Drieb!

Scheene Stundn

Ich hobb a Dechdlmechdl kabbd
Midm Berchermasder seina Fraa!
Wos die so mooch und wossi machd
Des waaß edz die ganz Gmaa.

Ich hobb a Dechdlmechdl kabbd
Mid dem Abdeilungsleider seina Fraa!
Der gibbdmer an Drigger und dretzdmi
Obber der Gribbl grichdmi nedd glaa.

Ja so kanns geh im Leem
So gehds annere fei aa
So grichdmer gern a Brobleem
Na kummds zu am Draraa.
Immer nix Gscheids, immer zu weng
Obber so kummdmer in die Gäng
So kummdmer ieber die Rundn
Und hadd sei scheena Stundn.

Ich hobb a Dechdlmechdl kabbd
Mid unnerm Pfarrer seina Glanna!
Mid dera hadd des himmlisch glabbd
Mir hamm uns saggrisch verstanna!

Ich hobb a Dechdlmechdl kabbd
Midm Schullrood seina Dochder!
Bloß wenn die edz nu hoggn blabbd
Na derschießdermi, so sochder.

Ja so kanns geh im Leem
So gehds annere fei aa
So grichdmer gern a Brobleem
Na kummds zu am Draraa.
Immer nix Gscheids, immer zu weng
Obber so kummdmer in die Gäng
So kummdmer ieber die Rundn
Und hadd sei scheena Stundn.

Schuß ins Gnie

Die Milch hadd scho an Stiech
Der Kaffee is widder amoll goor
Des Brod is scho schimmli
Sowos kummd efder amoll vor.
In der Duschn läffd ka Wasser oo
Der Abfluß is schmieri und stingd.
Nix wie Rechnunga und Reglaame
Is alles, wos der Bosdbod mir bringd.

Mensch, wie soll denn des bloß weidergeh?
Wu fiehrdn des nu hie?
Ich kann des Ganze nedd versteh:
Ich schießmer ständi ins Gnie.

An der Deggn droom hänga die Spinnaweem
Lauder Dregg kuggld am Bodn doo rum
A Haufn Graffl lichd greizergweer
A aanzicher Saustall is mei Stumm.
Der Salood, der schwelgd in der Diedn
Im Killschrank drin fauld des Gmies
Des Gscherr stehd dreggerd in der Kichn
Ich hogg in dera Budn wie in am Verlies.

Mensch, wie soll denn des bloß weidergeh?
Wu fiehrdn des nu hie?
Ich kann des Ganze nedd versteh:
Ich schießmer ständi ins Gnie.

Im Gsichd hoggd a mords Drumm Biggl
Ich spier widder die Hex in meim Gnagg.
Ich fiehlmi ganz grumm und ganz gribblerd
Der Rosd frißd scho gscheid underm Lagg.
Die ganz Weld, die kann mich greizweis
Ich will nix mehr midgrieng und beweeng.
Ich hogg edz bloß nu in meim Sumpf drin
Wirri doo widder rauskumm, des willi sehng!

Mensch, wie soll denn des bloß weidergeh?
Wu fiehrdn des nu hie?
Ich kann des Ganze nedd versteh:
Ich schießmer ständi ins Gnie.

Kalde Fieß Blues

Ich hobb kalde Fieß
Kalde Fieß und a leera Badderie.
Warm sinn die Gribbl nie!
Die machnmi nu ganzergoor hie.
Ich hobb kalde Fieß
Kalde Fieß und a leera Badderie.
Warm sinn die Gribbl nie!
Die machnmi nu ganzergoor hie.
Ich hobb eiskalde Fieß!

A jeda Schleimhaud gibbdmer an Stich
Mei Nervn sinn wie durchgseechd
Im Greiz und im Groong doo doobd a Griech
Machi a Wedd, dassis auf mein Herzbeidl leechd.
A Schlachdfeld is mei ganza Noosn
Ich spier widder mein Nierngrieß
Des is die Hölle mid meina Bloosn
Und alles weecher denna Scheiß Fieß!

Ich hobb kalde Fieß
Kalde Fieß und a leera Badderie.
Warm sinn die Gribbl nie!
Die machnmi nu ganzergoor hie.
Eiskalde Fieß!

Graua Wolgn hänga am Himml
Obber reenga dudds bloß auf miech.
Menschenskinder, wer kammer denn soong
Worum immer ich die Scheiße abgriech?
Ich hobb kalde Fieß
Kalde Fieß und a leera Badderie.
Warm sinn die Gribbl nie!
Die machnmi nu ganzergoor hie.
Kalde Fieß wennsd hasd, des hadd der Deifl gsehng!
Ich hobb eiskalde Fieß!

Bläsierle und Blessurn

Am Oofang hamms a weng blauderd und sinn
    rumstolzierd
Naja beim Spaziern und Schnabuliern kann nunni
    arch vill bassiern.
Obber auf amoll haddsna bressierd, doo hammsi alls
    ärcher bussierd
Mein lieber Spitz, die woorn fei na am Gaudiern und
    Handiern!

Ach, wemmersi gscheid äsdimierd
Und richdi midnanner scharmuzierd
Wemmersi dichdi sponzierd und fesd karessierd
Ja, doo ismer scho schnell gscheid imprägnierd!

Na haddersi rumschoffierd, haddera Zeich spendierd
Hadd an Haufn invesdierd, dassera gscheid imbonierd.
Und wies hald na dohergehd: Na hamms Kinner
    fabrizierd
Hammsi die Nervn strabbazierd und is Herz
    rambonierd!

Doo isder fei rundganga! Er haddsi rumkommandierd
Und sie hadd blägd und gschänd und rumlamendierd
Die hammsi mid Gifd und Galln geengseidi
    schigganierd
Die hammsi wergli bis aufs Blud dretzd und
    draggdierd!

Ka Mensch kanns versteh, sowos kammer nedd
  kabiern
Annera häddnsi doo saumäßi blamierd und schenierd.
Bei sowos kammer sein Kopf und sein Verstand
  drieber verliern
Doo kammersi dermooßn ruiniern, daßmer fei wergli
  droo grebierd!

Ach, mer mussi reschbeggdiern und aa wos dolleriern
Mer därf nedd bei an jedn Muggerschieß glei
  exblodiern
Sunsd kummds zum Analysiern, Ausnanderdividiern
  und Zammderrabiern
Doo werdsdi na fei saumäßi nooch der Sunna nu
  friern!

Ach, mer kannsi geengseidi Hoonich auf die Seeln
  schmiern
Mer kann midnanner des Heggsde und Allerschennsde
  verspiern
Mer kann doo dabei himmlisch wie die Veecherle
  jubiliern –
Mer kannsi obber fei aa sausaggrisch kuriern!

Margit, mei Scheena

Ganz allaans binni ganga und draußn gloffn am Booch
Hobb in Mond leichdn sehng und die Wolgn dord
   droom
Den Dooch hammsi ford droong voller Blooch und
   voll Sorng
Ganz allaans woori am Hohlweech, ganz allaans dord
   am Groom.

Auf aamoll heeri hindn wos raschln und wos wimmern
Doo heeri a Stimm, und die gehdmer ganz dief ins
   Gmied
Doo is aans am Greina, doo is aans am Jammern
Doo hoggd a junger Borsch und der singd des staa-
   alde Lied:

Oh mei Margit, mei Scheena!
Des Leem is so schee – und so schnell is aa rum.
All meine naa, mei Margit, mei Scheena!
Dei Gsichd siechi hinderm lumberdsdn Drumm.
Des Leem is so schee – und so schnell is aa rum.

Der Kerl greind um aana, die mächd ka Mensch mehr
   lewendi
Der dudd drauern um aana, die lichd wu ganz allaa
Ka Lifdla dudds mehr straafn, ka Leid duddera mehr
   weh
Die Erdn hadds zudeggd, ihr Gsichd, ihr Brusd und
   ihr Baa.

Du guder Godd, mei Margit, kumm gemmer widder
  midnanner!
Horch, laßmi nedd so hoggn, so greinerd und so
  greizgribbl-allaa!
Dei Geisd werdmi mei Lebdooch nu beidln und
  umdreim!
Mir dudds weh wie am Viech, ich muß hard wern wie
  a Staa.

Du guder Godd, mei Margit, mei Scheena!
Des Leem is so schee – und so schnell is aa rum.
All meine naa, mei Margit, mei Scheena!
Dei Gsichd siechi hinderm lumberdsdn Drumm.
Des Leem is so schee – und so schnell is aa rum.

Ich meecherd

Ich meecherd Versteggerles spilln in dei Hoor
Ich meecherd mid dir den Greizweiher leer drinkn.
Ich meecherd eewich dei Stimm heern in meim Ohr
Meecherd mid dir nooch die Sternschnubbn winkn.
Ich meecherd dir Brallinee schenkn und Blumma
Ich meecherd mid dir ieber Gloosscherbn geh.
Ich meecherd fier dich den Haubddreffer gwinna
Meecherd neber dir im Reeng draußn steh.

Ich meecherd, glaabmers, ich meecherd!
Ich wollerd, des gennerd, dasserdi siech, dasserdi
    griech!
Ja fraali, wos glabbsdn, wie ich des meecherd, dasserdi
    greecherd!
Ich waaß scho, des werd nix, des gehd nedd
Wallerdi mei Lebdooch nedd griech.
Die Dooch sinn so droosdlos ohna diech.

Ich meecherd dei Kisdn und Koffer rumdroong
Ich meecherder a Stützn sei, wennst an Schnitzer
    machsd.
Ich meecherder dei Silberfisch und Spinnaweem
    verjoong
Meecherd schwach wern, wennsd so arch schee lachsd.
Ich meecherd dei Haut in aller Frieh scho spiern
Ich meecherdi in Arm nehma, wennder wos felld
Ich meecherd mid dir mein Verstand verliern
In dera kaldn, gifdin Weld.

Ich meecherd, glaabmers, ich meecherd!
Ich wollerd, des gennerd, dasserdi siech, dasserdi
    griech!
Ja fraali, wos glabbsdn, wie ich des meecherd, dasserdi
    greecherd!
Ich waaß scho, des werd nix, des gehd nedd
Wallerdi mei Lebdooch nedd griech.
Die Dooch sinn so droosdlos ohna diech.

Des Wasser is weid

Des Wasser is weid und ich kumm nedd nüber
Und ich hobb aa ka Flügl, dassi nüber fliech.
Bsorch mir a Bood, dann kumma mir aa nüber
Na rudermer ford, mei Schatz und ich.

Doo is a Schiff und des fährd übers Meer
Voll beloodn, die Frachd is arch schwer
So schwer wie der Schmerz edz in meim Leem
Ich waaß nedd, schwimmi oder binni am Undergeh.

Ich hobbmi hieglaand an an Achenstamm
Wallmer an am Bamm an Hald droo hadd
Obber der haddsi boong und is na brochn
Verzoong haddsi aa mei falscher Schatz.

Liem kann zoord sei und kannder a Wärm geem
Daßd glänzd wie Juweln im Sunnalichd.
Obber des Liem werd älder und kälder
Und verschwind wie der Dau frieh vor deim Gsichd.

Des Wasser is weid und ich kumm nedd nüber
Und ich hobb aa ka Flügl, dassi nüber fliech.
Bsorch mir a Bood, dann kumma mir aa nüber
Na rudermer ford, mei Schatz und ich.

Weider nix wie bloß leem

Ich machmer goor nix aus dem ganzn Zeich
Wos ich brauch, des waaß ich gleich:
Ich pfeif auf des ganze Geduu
Wall ich will nix wie mei Ruh.
Ich bin weider nix als wie am Leem
Sowos solls fei wergli nu geem
Ich du weider nix mehr wie bloß nu leem.

Ich du nedd bechern und nedd schlemma
Ich geh nie auf Wernissaaschn
Ich hobbs nedd mid dem Remmidemmi
Ich hogg in ka Vorstands-Edaaschn
Ich du nedd gärdln und nedd lesn
Nedd musiziern und nedd medidiern
Ich du nedd gern kochn und singa
Ich geh aa goor nedd gern spaziern.

Ich machmer goor nix aus dem ganzn Zeich
Wos ich brauch, des waaß ich gleich:
Ich pfeif auf des ganze Geduu
Wall ich will nix wie mei Ruh.
Ich bin weider nix als wie am Leem
Sowos solls fei wergli nu geem
Ich du weider nix mehr wie bloß nu leem.

Ich hogg nedd in Gneibn und Café
Ich hobbs nedd mid Zirkus und Varieté.
Ich hobb nu kann Sechser im Loddo dibbd
Mich wunnerds, daß mich überhabbds nu gibbd!
Ich machmer goor nix aus dem ganzn Zeich
Wos ich brauch, des waaß ich gleich:
Ich pfeif auf des ganze Geduu
Wall ich will nix wie mei Ruh.
Ich bin weider nix als wie am Leem
Sowos solls fei wergli nu geem
Ich du weider nix mehr wie bloß nu leem.

Bloß fier a boor Dooch

Du sagsd, ich verderbder jedn Spaß
Sagsd, mir machn uns bloß nu wos vor.
Du sagsd, auf mich is ka Verlaß
Ich kümmer mich bloß um mei eigne Woor.
Maansd nedd, du siggsd des vill zu graß?
Annera griengsi aaramoll in die Hoor.
Wohrscheins schmaßdmi ball auf die Straß.
Gell, des gfallerder? Ja, des is mir scho gloor.

Hasdmi bloß hoom wolln
Fier a boor Dooch?
Sooch, hasdmi bloß braung kennd
Fier a boor Dooch?
Du hasdmi liem wolln fier immer und eewich
Obber es woorn hald bloß a boor Dooch
A boor wunderboora Dooch.

Mir schloong uns Wundn und mir schluggn unner
    Wud
Wenns so weidergehd, dudds ball an Drumm
    Schlooch.
Oder es blabbd so, wies is – so weid, so gud
Wallsi kanner stelln draud, die längsd fälliche Frooch.
Mir grieng unser zwaa Leem nedd under aan Hud
Drum führmer a Leem, des wu kanner mooch.
Du steggsd mir drin im Fleisch und im Blud
Und ich waaß: Es kummd nix Bessers nooch.

Hasdmi bloß hoom wolln
Fier a boor Dooch?
Sooch, hasdmi bloß braung kennd
Fier a boor Dooch?
Du hasdmi liem wolln fier immer und eewich
Obber es woorn hald bloß a boor Dooch
A boor wunderboora Dooch.

Ich vermißdi ka bißla

Ich siech die Floggn roofalln
Ich vermißdi ka bißla.
Ich siech die Dropfn edz falln
Ich vermißdi ka bißla.
Ich siech die Dräna, wies falln
Ich vermißdi ka bißla.
Aa wennsd nämmer doo bisd
Aa wennsd nämmer kummsd
Ich vermißdi ka bißla.
Ich waaß scho, wos gspield werd
Ich kumm scho zurechd.
Horch, ich soochders: Ich vermißdi ka bißla.

Wennsd maansd, ich vermißdi
Wennsd maansd, ich drauerder nooch
Na hasdi fei brennd.
Ich siech die aldn Bildle
Ich les die aldn Brief
Obber ich vermißdi ka bißla.
Ich schau nei in Spiegl
Ich schau nauf zu die Stern
Obber ich vermißdi ka bißla.
Wennsd gmaand hasd, ich schaffs nedd
Wennsd maansd, mich hauds zamm
Horch, doo hasdi fei brennd.

Doo woorn scho ganz andre Griesn
Doo woor scho manch andrer Schlooch
Die hobbi alle überlebd.
Doo woorn scho ganz andre Fiesling
Doo woorn scho schlimmere Dooch
Die hobbi alle überlebd.

Wennsd maansd, ich vermißdi
Wennsd maansd, mich derbräslds
Na hasdi fei brennd.
Wall doo wersdi daischn
Ja, doo wersdi schneidn
Ich bin nu lang nunni am End.

Der Mond und die Fraa

Der Vollmond scheind edz runder
In der brächdin Summernachd.
Der Kerl, der wenn edz doo wär
Na häddin scho umgebrachd!
Der Wind wehd warm und zärdli
Der Himml glänzd voller Brachd.
Ich hobbnern glabbd, wosser gsachd hadd
Ich bin so dumm wie die Nachd!

Milliona Männer
Und ich ganz allaa
Doo werds doch aan geem
Für mich scheene Fraa!
Nedd bloß fier a Nachd
Des wär doch gelachd!

Der Mond in der Nachd hadd gschiena
Doo hobbin in der Gneibn gsehng
Sei Aung hamm glänzd beim Redn
Sei Händ woor auf meiner gleeng
Sei Worde woorn reizvoll
Sei Gruch woor gscheid erogen
Sei Bligg stechend und zärdli
Doo woors um mich ganzergoor gschehng!

Milliona Männer
Und ich ganz allaa
Doo werds doch aan geem
Für mich scheene Fraa!
Nedd bloß fier a aanzia Nachd
Mann, des wär doch gelachd!

Mama, worum hasdmern nix derzälld?

Mama, worum hasdmern nix derzälld?
Mama, wu gibbdsn aan, der wu mir gfälld?
Mama, wos woor mei Vadder fier a Kerl?
Hadder nie mehr gfroochd nooch mir?

Mei Mudder woor a beese Fraa
Mein Vadder hobbi nedd kennd.
Ich woor scho ball auf eigne Baa
Und bin die Mannsbilder noochgrennd.
Mei erscher Freind, der woor a Schlagg
Der haddmi beloong und bedroong.
Der ander, wu mir a ledigs Kind gmachd hadd
Der hadd gsuffn und haddmi aa gschloong.

Mama, worum hasdmern nix derzälld ...

Der Dooch, des is a beeser Moo
Die Wochn is sei grandiche Fraa
Die zwaa, die dreim mich ständich oo
Bissi groggi bin und ganz glaa.
Der Mond droom is a finsdrer Kerl
Die Strassn schloong auf mich ei.
Die Stadd is voller finsdre Kerl
Auf die fall ich alle rei.

Mama, worum hasdmern nix derzälld ...

Als Mudder binni a Kaddasdroofn
Mei Dochder hadd mid mir nix am Hud
Die is bei am Zupfer drund in Sonthofen

Und hoggd bestimmd auf ihra eigna Brud.
Der Himml is a finsdrer Bruder
Die Weld is a falsche Schlanga.
Des Leem, des is a garschdigs Luder
Des zwiggdi mid sauhaaße Zanga.

Mama, worum hasdmern nix derzälld?
Mama, wu gibbdsn aan, der wu mir gfälld?
Mama, wos woor mei Vadder fier a Kerl?
Hadder nie mehr gfroochd nooch mir?
Mama, kennsd denn du kann gudn Kerl
Der wu bassn däd zu mir?

Ach, Maadla

Ach, Maadla
Du mußd fei nedd geh!
Wall ich bagg edz mei ganz Graffl
Ich hau ab und laß alles leeng und steh.

Ach, Maadla
Wos is denn bloß los mid dir?
Du machsdmi bloß nu ferdi
Ja hasdn goor ka Freid mehr an mir?

Ich hobbder mei ganz Geld geem
Zum Eikaafn in der Stadd
Du kummsd hamm, bisd unglüggli
Und saggsd, du hasdmi sadd.

Ach, Maadla
Du mußd fei nedd geh!
Wall ich bagg edz mei ganz Graffl
Ich hau ab und laß alles leeng und steh.

Ach, Maadla
Leechdi widder nei in dei Bedd!
Wall ich bagg edz mei ganz Graffl
Mid uns zwaa doo hadds kann Zwegg.

Ach, Maadla
Mach dein Mund nedd auf!
Wall ich bagg edz mei ganz Graffl
Und wos du saggsd, doo pfeifi drauf!
Wall ich bagg edz mei ganz Graffl
Und wos du machsd, doo pfeifi drauf!

Ich bin immer beider

Ich bin a Voglfedern in deim Hoor
Ich bin a Grooshalm auf deina Haud
Ich bin a Blummabliedn in deina Händ
Ich bin a Lachn in der Nachd
Ich bin a Dräna auf der Libbn
Ich bin a Bleedla im Wind

Du bisd nämmer beimer
Doo kanni machn, wossi mooch
Mich kammer vergessn
Aa wennis kann so sooch
Obber aans därfsdmer glaam
Ich bin immer beider
Du kannsd mich nedd vergessn
Kannsd machn, wosd moggsd
Ganz worschd, wos du soggsd
Ich bin immer beider

Ich bin a Schaddn in deim Auch
Ich bin a Feier in deim Gsichd
Ich bin a Lied in deim Ohr
Ich bin a Bligg in deim Spiegl
Ich bin a Stimm in deim Kopf
Ich bin a Stich in deim Herz

Du bisd nämmer beimer
Doo kanni machn, wossi mooch
Mich kammer vergessn
Aa wennis kann so sooch
Obber aans därfsdmer glaam
Ich bin immer beider
Du kannsd mich nedd vergessn
Kannsd machn, wosd moggsd
Ganz worschd, wos du soggsd
Ich bin immer beider

Zerrupfde Möwn

A zerrupfde Möwn
Wu rumhupfd im Agger
Im belzin Herbsdwind
Die schreid noochn Meer.
A zerrupfde Möwn
Wu hie und her fliechd im Graas
Die segld in der Lufd rum
Und suchd noochn Meer.

Ganz allaa auf weider Flur
Kummsder selber auf die Spur
Die Wolgn sinn dei Richdschnur
Der Reeng is dei Uhr
So allaa auf weider Flur

Mei Maadla is a Möwn
Die drehdsi im Graas
Die verlierdsi im Windin
Und suchd noochn Meer.
Ich sing a Lied fier mei Maadla
A draurigs Lied fier mei Scheene
A glanns Lied fier mei Möwn
Walls so greind noochn Meer.

Ganz allaa auf weider Flur
Kummsder selber auf die Spur
Die Wolgn sinn dei Richdschnur
Der Reeng is dei Uhr
So allaa auf weider Flur

Des Leem maands gud mid dir

Des Leem maands gud mid dir
Des läßdi schloofn, läßdi draama
Läßdi aufsteh, läßdi geh
Läßdi heern und sehng

All Dooch läßdsdi die Zohnberschdn schmeggn
Läßdsder in Kamm spiern in die Hoor
Läßdsdi in scheene Glaader schlupfn
Gibbds deim Fuß an Strumpf und an Schuh

All Dooch därfsd a guds Brood essn
Griggsd immer wos drauf, wosd moggsd
Die Weld gibbder a Worschd, an Fisch, an Kees
Griggsd derzu wos zu drinkn, wosder schmeggd

All Dooch hoggsd im Warma und Sichern
Hasd a Buch, a Brogramm, a Beddhupferla
Fiehrsd Gspräche, kannsd spaziern geh in Wälder
Horgsd die Musigg, wudder gfälld und hilfd

Dei Weech hamm a Richdung und a Ziel
Dei Händ finna a Ärberd und an Hald
Wosd derlebbsd, des mächder a Freid
Dei Mund find die richdin Werder und Libbn

All Dooch kummder die Weld ins Haus gfladderd
Die Kaddasdroofn bassiern weid wech vo dir
Bei am Dässla Kaffee, an Seidla, an Schobbn
Kannsd drieber blaudern, wos alles gschehng misserd

Des Leem maands gud mid dir
Und du maansd, des kerd so, des blabbd so
Des Leem maands gud mid dir
Bloß deim Gsichd sichdmer des goor nedd oo

4 Balladn derzälln
uralde Gschichdn

Bludblatz

Ich kumm aus aana glanna Stadd
Wummer die annern ihr Gsichder alle kennd.
Jeds Haus und jeda Straß und jeda Gass
Hadd a Gsichd und an Nooma neibrennd.
Ich hobb miech mei Leem lang gfroochd
Worum der Bludblatz woll so haßd.
Bissi na die Gschichd keerd hobb
Dassi bladd woor, stumm und blass.

Der Bludblatz dord
A daamischer Ord

A Haufn Johr is des edz scho her
Wies kardld hamm, gsunga und danzd.
Des Werdshaus woor voll, und becherd is worn
Die Leid hammsi gscheid gfreid und hamm gscheid
    dampfd.
Die Gwetschn hadd gspilld, der Schnabbs is gflossn
Die Maadle hamm glühd und hamm glachd.
Um Geld hamms kardld im Gwalm und Gwerch
Den Radau hadds nausgjoochd in die Nachd.

Am Bludblatz dord
An dem daamischn Ord

Der Gustl hadd Glügg kabbd, an Haufn Gewinn
Mid der Zigarrn isser naus auf die Straß.
»Dei Geld her odder ich derschloochdi!«
Des hadder nu keerd, na woorer dordgleeng in der
    Gass.

Wirrer aufwachd, doo drehdsi die Weld
Er sterzd in die Werdschafd nei mid Gwald
Waller dengd hadd, a Kerl häddsn gstolln, sei Geld
Baggder a Messer und machdn glei kald.

Am Bludblatz dord
An dem daamischn Ord

Doodnstill woors in der Werdstumm na
Alla hamm glotzd und alla hamm gstarrd.
Fraun hamm griena, und Männer hamm gschriea
Alle Aung hamm auf ergendwos gward.
Der Gustl find na sei Geld in der Daschn
Edz hadder gwissd: Sei Rausch haddn gnarrd!
Der Schregg fährdn in all seine Gnochn
Waller a Menschnleem aufm Gwissn hadd.

Am Bludblatz dord
An dem daamischn Ord

Der jung Kerl, den wurrer umbrachd hadd
Der hadd an Bruder und aa gude Freind
Die lauerna auf und stechnna nieder
Er wehrdsi nedd, er schaud bloß und greind.
Der Gustl hadd sei Leem nu ausgschnaufd
Dord vor der Werdschafd auf der Straß.
Edz waßd, worum des der Bludblatz is
Und worum des die Bludgass haßd.

Ja, der Bludblatz dord
Die Bludgass dord
A daamischer Ord
A daamischer Ord

Buggl und Berch

Doo hadd amoll a Bauernmaadla auf ihrn Braidicham
   gward
Droom im Weinberch, an der Staarutschn, an der
   Staach.
Die Geengd drund woor finsder und feichd wie a
   Groob
Leichd woorsera erschd in sei Arm und under sei
   Aung.

»Wos sinn denn des fier schwarza Veegl?« haddsin
   gfroochd
»Wu flieng denna dord ieberm Weinberch dord
   dreem?«
»Die ziehng durch die Nachd und derzälln denns die
   Leid
Vo unnera Hochzerd und unnerm herrlin Leem ...«

»Wos sinn denn des fier finsdera Leid?« haddsin
   gfroochd
»Bei die Weidn, an der Aasch, dord drundn im
   Deichd?«
»Des sinn mei Diensdboodn und Doogler, die ärbern
   fier miech
Die genna auf a Hochzerd und kumma vo aana
   Leichd ...«

»Miech huscherds, miech zibberds, miech frierds!«
»Kumm her na, mei Maadla, ich wärmdi, kumm her!«
Und na faßders an der Händ und er drehdsi im Graas
Und danzd middera im Weinberch dergreiz und
   dergweer.

Der Braud werds hasser –
Die Braud brauchd an Hald –
Der Braidicham werd blasser –
Der Braidicham werd kald.

An Haufn Leid hadd die Braud na kumma und
    raufschleing sehng
Hadd ihr waggsgelbm Gsichder dord reireggn sehng –
Am Morng na woorsi gstorm
Woor dood im Weinberch droom gleeng.

Heid nu soongs Braudbuggl zu dem Berch
Heid nu genna die junga Maadle dord noo
Heid nu soongs Herzwein zu dem Wein
Wall den wemmer dringd, na grichdmer an Moo.

Und kann wemmer find, na grichdmer an Herzbuggl
    dervoo.

Der Bärndanz aufm Doodnbedd

Doo woorn amoll zehn Mussigandn
Die sinn durchs Dorf gezoong
Hamm an die Diern und Fensder glopfd
Geecher Hoofn und Kanna gschloong

Die Leid, die hammsi gwunnerd
Die Leid hamm korchd und gschaud
Die Kinner hammsi daamisch gferchd
Die Viecher woorn wild und laud

Die Mussigandn – edz laßderner soong –
Die hamm Fell ookabbd wie die Bärn
Die hamm fesd glachd und hamm gedoobd
Und ieberoll woornsi zu heern

Der aane hadd die Zidder gschloong
Der anner a Dromml draggdierd
Midnanner hammsi Remmidemmi gmachd
Den Rhyddmus hamm alle Leid gspierd

Die Drombeedn hadd fesd bloosn
Die Gwetschn hadd driggd und zoong
Der Glarrineddn ihr lufdin Noodn
Sinn zum Himml nauf gfloong

Die Geign und der Baß, die zwaa
Hamm gwerchd wie a narrischer Schmied
Ka Wunner, wenn die Leid ihr Baa
Fesd zuggd hamm im Daggd vom Lied

A Gidarrn und a Mandolina
Hamm des Ganze gschmiggd und droong
A Horn, des wolldsi Lob verdiena
Und Flödndön sinn in der Lufd rumgfloong

Doomools sinn die zehn Mussigandn
Voller Sang und Glang durgs Dorf gezoong
Und alle Leid hamm oogfangd zu danzn
Mid Musigg im Gmied und im Moong

Alle woornsi drauß auf der Straß und der Gass
Sinn rumkupfd, hamm zuggd und gsunga
Hammsi drehd im Graas, blägd und glachd
Wie die Gaßbegg sinns kutzd und gsprunga

Gschnaufd und gschwitzd hamms wie die Viecher
Mancher hadd ka Lufd mehr grichd
Der aane hadd kebberd, der anner hadd griena
Und kanner hadd gwißd, wiena grood gschichd

Auf die Greeber am Friedhof hamms danzd
Mid haaßa Kepf und brennerda Fieß
Die aan sinnsi vorkumma wie Hexn
Die annern wie Engl im Barradies

Stundnlang hamms danzd und doobd
Ohna Ruh, ohna End und Verstand
Lufdspring und Flohhupfer hammsi broobd
Des ganze Dorf woor außer Rand und Band

Die erschdn woorn na scho am Bodn gleeng
Mid Zuggn und Grämpf und Schaam vorm Mund

Mid andre woors ganzergoor gschehng
Die woorn ohnmächdi und ganz aufn Hund

Manche sinn gräbbld und grochn
Manche hamm grälld und gratzd
Manche hamm glotzd wie gstochn
Manche hamm zidderd und gatzd

Manche hamm rohs Fleisch verschlunga
Manche sinn naggerdi rumgrennd
Manche hamm ganze Fässer drunkn
Manche hamm ihr ganz Zeich verbrennd

Manche hamm gmaand, sie laafn durch Blud
Manche hamm glabbd, sie kenna edz flieng
Kanner haddsi gscheerd um Hab und Gud
Aus kann woor a verninfdigs Word mehr rauszugrieng

Die Nachd is na kumma, nix haddmer mehr gsehng
Die Mussigandn hamm alls weider gspilld
Die Leid sinn wie Graud und Ruum rumgleeng
Die Letzdn hamm weider danzd wie hooserwild

Am näggsdn Frieh obber woor des Gedanz vorbei
Jeder is aufgwachd wie aus am Rausch
Der Schädl hadd brummd, die Baa woorn aus Blei
Am libbsdn hädd jeder sei Leem glei verdauschd

Kanner hadd gwißd, wos des gwesn is
Die Mussigandn woorn ieber alle Berch
Des is verganga, so wies kumma is
A Haufn Kindsdaufn woorn des End vo dem Gwerch

Obber die Leid hamm wos draus glernd
Es hadd ka bees Word drieber geem
Aa die Stolzn, die Fromma und Strenga
Hamm gsehng, wies geh kann im Leem

Wie weenich daßmer brauchd
Daß witzblitz alles verriggd spilld
Und solang bis widder verrauchd
Sinn alle dollwiedi und hooserwild

Wie der Nebl in Aaschgrund kumma is

Die Wenigsdn wissn vo dera Gschichd:
Wie der Nebl in Aaschgrund kumma is.

Oogfangd hadd des Ganze vor Hunnerde vor Johr:
Mibbm Dunstberger seiner Silvia und dem Halitus
  seim Heiner.

Die Silvia woor in Miller vo der Rohrmill sei aanzigs
  Kind:
Des Maadla woor gwaggsn wie die Gerschdn und
  gschmeidi wie Hoonich.

Und der Dunstberger sachd: »Wer des schwersde vo
  mei Millredder
Aufwienga kann mid Golddooler, der soll mei
  Döchderla amoll grieng!«

Die Silvia hadd an Borsch aus am Dropfhaisla in
  Schiggahorum droom gmechd.
Sei Vadder hadd bloß a glanns Sächla kabbd, a Kuh
  und a boor Gassn.

Obber dem Halitus sei Heiner woor fleißi und wergli a
  ehrlia Haut.
Sei Leid woorn ooständi und fromm, hammsi bloochd
  und hamm gspoord.

Obber nu a Annerer hadd a Auch gworfn kabbd aufn
  Miller sei Silvia:

Der Dietmar, dem Dorner sei Buu, der Sohn vom
   Dachsbacher Kasdner.

Der Dorner hadd drei Buum kabbd, der woor
   oogsehng und mächdi.
Der Dietmar woor der middler, der woor verzoong
   und verschloong.

Der woor ganz verschossn und vernarrd in Rohrmiller
   sei Dochder.
Der woor eirissi und falsch, rachgieri und stolz wie sei
   Vadder.

Der Dorner haddsi die Rohrmill undern Noogl reißn
   wolln.
Und gwißd hadder aa, wirrers oostelln muß, dasser zu
   die Golddooler kummd.

In der stoggdunggln Nachd, in Raibermondur,
   hammsi in Zehndkasdn gstolln
Die Achndruha voller Golddooler ausm Gloosder in
   Münchstanna.

In Halitus sei Heiner woor a Buu aus am Sächla in
   Schiggahorum
Und waller ka Geld hadd, drum gehder zum
   Seligmann in Iehfld.

Den Judn reid der gude Kund, und der willsna bsorng,
   die Golddooler alle.
Der sachdna: »Gib mir drei Dooch Zeid, na hobbi des
   Braudgeld im Kasdn!

Mid der Mill kannsdmers na noochernooch abzohln in
  dreimool drei Johr.«
Überglüggli is der Heiner doo und hadd nedd gwißd
  wuhie mid seina Freid:

»Gibbmer des Braudgeld und die Braud ismer so
  gwieß wie der Dood!
Sie is hald amoll mei ganz Herz und mei ganz Leem.«

Obber am annern Dooch glei kummd in Kasdner sei
  Dietmar mibbm Geld
Und der Dunstberger gibbd sei Döchderla dem
  Dorner als Braud.

Die Silvia is a broova Dochder, die greind und die
  folchd.
Und sie feierd die Hochzerd, obber a Spreißl hoggdera
  im Fleisch.

In der Nachd davor hadd die Silvia an uuseelichn
  Draum kabbd:
Sie hadd Nebl kumma sehng und Schwoodn wie so
  Gspensder.

Und die ausblachdn Gstaldn hamm zuera gredd und
  hamm gsprochn:
»Rührs nedd on, des Geld vo dem Kasdner, des is
  voller Blud!

Wennsd dich aaner Sünd ferchdn dusd, na rührsd doo
  droo nedd oo!«

Na haddsi draamd von am Frevl, der Schregg fährdera
durch Marg und Baa.

In der Frieh willsi redn mid ihrm Vadder, obber der
will nix heern vo dera Sach.
Ausgmachd is ausgmachd, wos lichd, des bichd, und
zudder Silvia sachder:

»Ich hobb mei Word geem, auf Ehr und auf Glaum,
des ismer wos weerd!
Hasd a Gold und in Herrgodd auf deina Seidn, hamm
dei Dooch an fesdn Grund.”

In der Hochzerdsnachd drächd der Dietmar sei Braud
auf am Gaul
Hamm in die Rohrmill, dord bei der Aasch missns
ieber an Steech.

Er steichd oo und willsi droong, die Silvia, wissis kerd
fier an Moo
Doo läffdsi scho los und er folchdera mibbm Gaul
hindn droo.

Aufm Steech ieber der Aasch steichdera mibbm Fuß
aufn Schleier
Ihr gibbds an Rugg und an Riß, dassersi umdrehd und
dassin oofährd mid ihra Frooch:

»Sooch amoll: Wuher hasdn du eigndli auf aamoll des
ganz Gold und des Geld?
Doo lachder a weng dreggi und schmaßdera straggs sei
Andword ins Gsichd:

»Die wunderboore Nachd is fei nedd gmachd fier
   Sorng ums Hoom und Grieng!
Ich hobb mei Gold obber gwieß nedd kolld von am
   Judn, waaß der Deifl!«

»Des Aane soocherder: Ehrli glieha is besser als wie
   bludi gstolln!«
So sachdsis, die Silvia, doo ziechds ihr Herz zamm, na
   woors ummera gschehng.

Der Dietmar wolldsi pfaldn, sei Silvia, wolldsi haldn,
   die bludjunge Braud
Rennd noo, langdsi oo, hebdsi auf, obber sie lichd in
   sei Arm bleich und kald.

Und ihrn Braudschleier hamm die garschdin Wind na
   dervoodriem
Und vom Steech isser nundergfloong in die naß Nachd
   vo der Aasch.

Und auf aan Schlooch is Herbsd worn im ganzn
   Grund
Und die Nebl sinn kumma, hammsi ausbradd und
   sinn nämmer ford.

Doo beißd in Dietmar sei Gwissn, doo baggdn und
   schiddldn sei Schuld
Doo reißdersi die Hoor raus, doo schreider sein
   Jammer naus zu die Bammer.

Und ieber Nachd is der jung Kund zu aana grumma,
   gnorzerdn Weidn dord worn.

Die stehd heid nu dordn, und derneem in der Aasch
   siggsd heid nu an mords Strudl.

Und der dudd redn und will die Leid reddn vor der
   Geldgierichkeid.
Seit dera Nachd heerdmers innermoll nu wisbern und
   rauna an dera Stell:

»Am Geld bichd Dregg und Gfregg, und mir zohlns
   mid Schwaaß und mid Blud.
Wall alles, wummer hamm, werd mid Gwald widder
   gnumma, und mid Dräna.«

Seit dera Nachd leeng die Nebl wie aschia Schleier im
   Aaaschgrund.
Seit dera Nachd sinn die Herbstnächd frosdi und
   bleich wie der Dood.

Sieglinde und Sigmar

Sie woor a glanns, unschuldigs Maadla
Ihr Leid hamm fleißi Handl gedriem
Doo haddsersi in ihrm weißn Glaadla
Ganzergoor in Herrgodd verschriem.

»Die Weld is goddlos und voller Leid.
Unner Heiland is mir deier.
Ich bin sei Braud in Eewichkeid
Drum drooch ich gern den Schleier.

Ach Vadder, such kann Moo fier miech!
Ich kenn mein brächdichn Drosdherrn.
Den Braidicham, den wenni griech
Binni gliggli drin im Gloosder!«

So is die Sieglinde nei zum Door
Zum Singa und zum Beedn.
Wos kummern dord fier Männer vor?
Abosdl bloß und Brofeedn.

Wos filldn dord ihrn Mund und Sinn?
Bloß Bsalma und Bibelsprich.
Der Mensch, der wu kann Herrgodd kennd
Werd stolz und liederlich.

Sie hadd dord immer gfolchd und gschwieng
Und wolld sich aa nie schona.
Des Herz kennd finsdre Stumm und Stieng
Wu dunkle Drieb drin wohna.

Und wissersi na gweiberd hadd
Mid Forma, rund und reizvoll
Doo haddsi na an Bligg drauf kabbd
Mehr gierich als wie geizvoll.

A Ruf, der joochd na durch des Land
Der schreggd und dudd verdamma:
Dem Heiland sei Groob is in Heidnhand!
Doo woor ihr Herz in Flamma.

Sie wolld soford auf Greuzzuuch geh
Nedd draama wie edla Damen
Sie wolld die ärgsdn Kämpf besteh
Und verdreim die Muselmanen!

Sie wolld na nix wie a Mannsbild sei
Der Herrgodd solls richdi machn!
Des woor ihr diefsder Herzensschrei:
A Moo mid die richdichn Sachn!

Und ieber Nachd – wos soll ich eich soong?
Doo woor a Boord annera droo!
Sie hadd kann Grund mehr kabbd zu gloong
Edz woorsi – bernoh na – a Moo!

Ihr Hoor, die haddsersi rundergschniedn
Bis auf Stupfl, wie bei am Hund.
Ihr Stimm woor gräfdi und ganz verschiedn
So kehli wie bei am Kund.

Na issi aus dem Gloosder ford
Und nunder nooch Venedich

Sie woor a Ridder fier ihrn Godd
Ka Moo woor ärcher seelich!

Ihr Busn woor im Keddnhemd
Sie hadd bloß nu gfluchd und pfiffn
A Hooserpfodn in Schridd neizwängd
Und glernd im Steh zu schiffn.

Sie haddsi gratzd und mid die Finger grotzd
Und gredd, wies die Mannsbilder soong.
Sie hadd gwerfld, kardld und Dabbagg gspotzd
Beim Fechdn woorsi nedd zu schloong.

A rods Greiz auf weißn Grund
Des woor auf Buggl und Brusd
Ihr Mud, der woor in alla Mund
Ihr haaße Kämpferlusd.

Dord bei die Feind hamms furchdboor kausd
Hamm vill derschloong und derstochn
Daß heid nu Leid dord garschdi grausd
Ieber die vergroomna Gnochn.

Sie hadd kämpfd dord im Syrerland
Und aufn heilichn Bodn
Wie Stanner an am bludichn Strand
Woorns rumgleeng dord die Doodn.

Sie hadd des Schlimmsde ieberstanna
Fieber, Gschwier und Ruhr
Sie is beherzd ihrn Mann dord gstanna
Mid ihra scheen Stadur.

Der Babsd und der Kaiser hamms beschengd
Mid Diddl und mid Land
Damidds derhamm die Herrschafd lengd
Mid Machd und mid Verstand.

A scheene Fraa ausm Morgnland
Haddsi verlibbd kabbd in den Ridder
Die nimmder mied ins Franknland
Daß lebbd dord bei ihrm Ridder.

Fier alle woor der Ridder Sigmar
A scheener, dapfrer Moo
Bloß sei Fraa, die Schalahar
Hadd gwißd, es woor nix droo.

Obber sie hammsi gliebd so durcherdurch
Sie woorn a glüggligs Boor
Und so hamms glebbd dord auf der Burch
Nu arch vill scheene Johr.

Franknberch

Droom in der Burch am Franknberch
Dord hadd a Ridder gwohnd
Der woor a Herrscher durcherdurch
Hadd ka Leid und Viecher gschond.

Der Veit von Hutten, so hadder kaaßn
Woor herrisch, stolz und gieri
Des wosn gfalln hadd, hadder gnumma
Auf scheene Maadle woorer sieri.

Er haddsi gloggd, er haddsi baggd
Mid Scharm und aa mid Gwald
Bloß wos dernooch na midna gschichd
So a Schiggsool läßd den kald.

Es woor a scheener Summerdooch
Der Junker joochd durchn Wald
A Maadla sichder am Elfnstull
Doo machd sei Gaul glei Hald.

Am Worzlstogg vom Achnbamm
Doo sichder a scheene Gstald
In Doggder Märglein sei Else woors
Die hadd Graider gsammld im Wald.

Der Junker baggdsi glei fesd oo
Des schlanke, zweggerde Ding.
Sie weisdn oo, den dreisdn Moo
So a Frechheid is ihr vill zu gring.

»Kumm, hobbdi nedd so, du brächdigs Gstegg!
Mid mir griggsd fei den Besdn!«
Doo baggdersi im Greiz und Gnagg
Grabbschd noo an Rogg und Wesdn.

Sei Flindn lichd am Bodn dord
Sei Messer glei daneem
Die Else läffd im Drabb dord ford
Und schreid laud um ihr Leem.

Dem Junker gehdsi durch die Labbn
Sie rennd durch Gstrübb und Dorna
Sei Zorn, der grolld und brennd ganz arch
Schlächd umsi hind und vorna.

Sei ganzer Sinn woor auf Rache aus
Wall so a Schmach, die stingd!
Der Hexnrichder kommd in sei Haus
Dem derzällder vo dem drotzichn Ding.

Daß Schoodn zauberd an Leid und Viecher
Daß grank wern und dassi sterm:
»Die kennd die Sprich und Wedder alla
Daß Ernd und Frichd verderm!«

Dem Hexnrichder glingds nooch Zauber
Er horchd mid offna Mund
Er widderd Höllnwerg und Sadan:
»Die steggd mibbm Deifl im Bund!«

Na zerrns die Else an ihr langa Loggn
Und steggnsi ins finsdre Verlies.
Na stehdsi vor am strenga Grichd
Werd gwäld und schreid wie am Spieß.

Die beesn Leid, die machnsi schlechd
Und wollnsi brenna sehng.
Der Pfarrer sachd, wer sündichn dudd
Der muß sei Greiz na droong.

Der Veit von Hutten schleichd ins Verlies
Er stehd in der Else ihrm Bann
Obber die will vo dem Lüsdling nix wissn
Vo so am ehrlosn Edlmann.

Des Hexngrichd, des fälld sein Spruch
Ohne Gwissn und Erbarma
Die Else fohrns zum Brandblatz naus
Mid Gloggnglaid und Larma.

Der Scheiderhaufn hädd glei grauchd
Doo kumma schwarza Reider
Des woor, masgierd, der Graf Castell
Und die Else, die befreider.

Die Leid hamm gschaud, der Hutten gstaund
Der Hexnrichder daamisch gaffd:
A Fraa vorm sichern Dood derreddn
Des Kunsdstigg hamm die gschaffd!

Die Reider sprenga durch Wald und Weech
Und kumma hamm auf ihr Schloß.
Die Else grichd a zweids Leem gschengd
So a Reddung, des haßd fei wos!

Die Schmach, die hadder nie verwundn
Der Junker vo Franknberch
Die Machd, die will a Riese sei
Am End is bloß a Zwerch.

5 Dragische Gschichdn
aus Gidderbarri

Oobrennde Streichhelzle

A alde Fraa hoggd in der duusdern Stumm und greind
Sie hadd ihr Lebdooch bloß graggerd und gspoord
Sie haddsi nix gönnd und haddsi weng gfreid
Des Fordgeh und Feiern, des woor nie ihr Oord.
Wos frieher woor, des machdsi bidder und bees
Und drum kaudsi eewich an dem uraldn Kees.

Oobrennde Streichhelzle
Neeber roobrennde Kerzn
Druggns Wachs, ausgloffn und hard
Bräserle vo Blätzle
In die roogfallna Noodl –
Und die Stumm hadd des Schweing edzerd so sadd!

A junge Fraa hoggd in der schiggn Kichn und greind
Ihr Kinner und ihr Moo, die sinn alle ford.
Sie wollds immer schee hoom, a gmiedligs Derhamm
Obber großa Versprechn sinn aa bloß so a Word.
Sie will edz kanns sehng und mooch nercherds hie
Wall die, wussi braung däd, die fohrn ergendwu Ski.

Oobrennde Streichhelzle
Neeber roobrennde Kerzn
Druggns Wachs, ausgloffn und hard
Bräserle vo Blätzle
In die roogfallna Noodl –
Und des Haus hadd des Schweing edzerd so sadd!

A glanns Maadla hoggd im Keller drundn und greind
Sie haddsi so lang scho auf Weihnachdn gfreid.
Ihr Oba is am Friedhof und ihr Oma im Heim
Ihr Mudder und ihr Vadder, die hamm widder Streid.
Des Geld, des langd nie, der ganz Friedn is derhie
Des Grisdkindla gratzdsi, wall des hadd a Allergie.

Oobrennde Streichhelzle
Neeber roobrennde Kerzn
Druggns Wachs, ausgloffn und hard
Bräserle vo Blätzle
In die roogfallna Noodl –
Und des Haus hadd des Schweing edzerd so sadd!

Blud is im Schuh

Ich draumers goor nedd soong
Ich glaab, du bisd mei Sohn.
Des is a arch verzwiggda Gschichd
Die kammer lesn in deim Gsichd.
Ich waaß, du willsders nedd heern
Scho gud, ich laßdi ja in Ruh.
Ich wollder bloß des Aane soong:
Ich waaß, du bisd mei Buu.

Mei Buu, mei Buu
Des läßdmer einfach ka Ruh
Mei Buu, mei Buu
Blud is im Schuh

Naa, des is wergli ka Schmarrn.
Ich waaß, dei Mudder is scho gstorm
Obber doomools woorn mir zwaa zamm
Mir woorn jung, frech und verdorm.
Ich bin arch vill auf Achse gwesn
Jede Wochn in aana annern Stadd
Und nooch die Strabazn und Spesn
Hobbi hald gern a weng a Gaudi kadd.

Mei Buu, mei Buu
Des läßdmer einfach ka Ruh
Mei Buu, mei Buu
Blud is im Schuh

Na hammer uns aus die Aung verlorn
Daß du aufm Weech woorsd, hobbi nedd gwißd.
Dei Mudder haddsi ganz gwieß na gschworn
Dassi mir mei Lieng ihr Leem lang nedd vergißd.
Ich waaß, ihr zwaa habbds nedd leichd kadd
Und die Leid soong, du gibbsd aa kann Dauch
Obber wer vo Haus aus ka Gligg hadd
Den zerfrißd na die Wud in seim Bauch.

Mei Buu, mei Buu
Des läßdmer einfach ka Ruh
Mei Buu, mei Buu
Blud is im Schuh

Du saggsd, du maggsd des mid dir selber aus
Du saggsd, du hasd nu nie an Vadder brauchd
Du saggsd, du maggsd dir doo goor nix draus
Du saggsd, daß des Leem fier dich so dauchd.
Is ja schee, wenns so is und wennsder so baßd
Des Ganze is zum Greina und aa zum Lachn.
Mir zwaa hamm uns a halbs Leem lang verbaßd
Obber aus der annern Hälfd kenndmer wos machn.

Mei Buu, mei Buu
Des läßdmer einfach ka Ruh
Mei Buu, mei Buu
Blud is im Schuh

Des Goldne Lamm

Sie woor die Dochder von am stolzn Werd
Sie woor ausm »Goldna Lamm«
A scheene Werdschafd mid Brauhaus und Viech
Doo kummd mid der Zeid scho wos zamm.
Sie woor bildschee wie a Blumma im Mai
Sie woor wergli a gude Bardie
Bloß den, wu sie so arch gern kabbd hadd
Der woor nedd vorgsehng fier sie.

Die scheene Leni ausm »Goldna Lamm«
Die wolld den Moo, wu ihr Herz gwolld hadd
Obber des Schicksool greifd ei
Es hadd nedd solln sei …
Die Leni gehd leer aus, werd bidder und hard
Die scheene Leni ausm »Goldna Lamm«

Ihr Libbsder, des woor so a Flüchdlingsbuu
Der hadd gärberd in der Fabrik
Fier ihrn Vater woors a Dorn im Auch
A aanzigs »Sudetengaunerstück«.
Ihr Libbsder hadd nachds gwergld am Bau
Woor fleißi und hadd dichdi gspoord
Die Leni wolldn heiern ihrn Schatz
Bloß ihr Vadder woor hard und verbohrd.

Aamoll nachds hilfd ihr Libbsder am Bau
Die Ärberd gehdn leichd vo der Händ
Er blabbd lang aus und kummd nedd hamm
Frieh finnersn im Keller – derhängd!
Des woor a Schregg, des woor a Gschrei
Die Leni woor ohna Geisd und Gfiehl
Die Leid hamm gredd: Des woorer nedd selber
Doo hamm nu annera ihr Finger im Spiel!

Wie des bassierd is, wos doo gschehng is am Bau
Des grichd ka Mensch heid mehr raus
Bloß wer sei Sach auf so aana Schuld aufbaud
Doo lichd ka Seeng auf dem Haus.
Die Leni hadd nämmer keierd und glachd
Sie is arch weid ford vo derhamm
Die Werdschafd kerd heid wildfremde Leid
Wies aussichd, gehd nämmer vill zamm.

Die scheene Leni ausm »Goldna Lamm«
Die wolld den Moo, wu ihr Herz gwolld hadd
Obber des Schicksool greifd ei
Es hadd nedd solln sei ...
Die Leni gehd leer aus, werd bidder und hard
Die scheene Leni ausm »Goldna Lamm«

Walter, alder Wasserratz

Der Walter woor gschaffn fiers Wasser
Als Buu scho wollder nix wie zur See
Bei der Musderung hadderna glei gsachd
Er will baduu zu die U-Boode geh.
Beim Bund doo haddersi lang verpflichd
Und is wergli bei der Marine gland
Rumgfohrn sinnsi in der ganzn Weld
Vo Spitzbergn bis nooch Feuerland.

Walter, alder Wasserratz
Woorsd a Schwimmer und a Daucher
Du woorsd ka Kerl fier an fesdn Ankerblatz
Du woorsd a Lufdigus und a Raucher
Alles Gude, Walter, edz is hald Schichd
Walter, segl weider, weider ins Lichd

Der Walter woor auf Frachder und Schiff
So vill Johr nu nooch der Bundeswehr
Kondäiner gfohrn und Danker gloodn
Vo der Südsee bis zum Middlmeer.
Obber immer hadder die Verbindung kaldn
Hamm zu sei Freind und zu seine Leid
An ganzn Stoß voller Onsichdskardn
Haddermer gschriem in der ganzn Zeid.

Walter, alder Wasserratz …

Er is scho a grauer Junggsell gwesen
Wirrer widder hammkumma is in sei Kaff
Dord hadder na die gschiedne Kaddi keierd
Und haddsi an aldn Bauernhof kaffd.
Er hadd gmaand, edz hadder sein Hafn
Sein Ankerblatz mid Kinner und mid Ruh
In achd Wochn woorer zammgschnorrd und gstorm
Er haddn nedd amoll mehr sehng kenna, sein Buu.

Walter, alder Wasserratz …

Mei Vadder woor a Indianer

Mei Vadder, des woor a Indianer
Die Weld haddn vill zu vill zum Schluggn geem
Scho lang isser in die eewichn Jachdgrind nei
Und suchd sei dersuffna Seeln.

Mei Mudder mussn droffn hoom
Auf ergend aana Kerwa
Doo haddsi im Dorf nu gwohnd
Und gärberd bei der ERBA.
Des woor a Gschrei, des woor a Gschimpf
An Ami hammsi grood nu gwolld!
Die Freiheid und die Wälder
Des woor sei Weld.

Gell, Vadder, du woorsd a Indianer
Die Weld hadder vill zu vill zum Schluggn geem
Scho lang bisd du in die Jachdgrind nei
Und dord suchsd du dei dersuffna Seeln.

So langa, schwarza Hoor hadder kabbd,
Mid a boor silberna Dupfer.
Fier mei Mudder woorsd du a verrüggder Kerl
Fier die Leid hald bloß a Zupfer.
Mir Kinner woorn dei Lasd und dei Freid
Uns hasd du Mond und Stern versprochn
Obber die Sunna in der Flaschn
Die haddna des Greiz dann brochn.

Vadder, du woorsd a Indianer
Die Freiheid und die Wälder, des woor dei Leem.
Scho lang bisd du in die eewichn Jachdgrind nei
Und erschd heid findsd du den Friedn in deina Seeln.

Auf der schiefn Bohn

Ich bleib nercherds lang
Ich halds nie lang aus
Ich hobb scho so vill gedriem
Und glebbd in Saus und Braus
Die Leid wenn miech sehng
Haldnsmi fier an stolzn Hoohn
Und ich heer, wossi alle soong
Der is auf der schiefn Bohn

Werd ergendwu Kardn gspilld
Bin ich auf der Stell dabei
Wern aane na fuchsdeiflswild
Na hobbi mein Spodd und mei Freid
Ich hobb mehr Dorschd wie Hunger
Des Drinkn hadds mir ongedoon
Ich bin hald a schrächer Vogl
Aaner auf der schiefn Bohn

Mei Vadder, der haddmi gwarnd
Mei Mudder, die hadd gschänd
Wennsd weider wie a Henker fährsd
Na derhutzdi amoll an aana Wänd!
Ich wolld nie fier späder spoorn
Woor immer a stolzer Schwoon
Ich bin fiers Heidngwerch geborn
Dord auf der schiefn Bohn

Die Maadle, die hamm mich gmechd
Und ich wolld kann Spaß verbassn
Die Fraun hobb ich immer gsuchd
Und aa widder schnell verlassn
Ich woor mei Lebdooch auf der Fluchd
Ohna Ziel und Lebensbloon
Eewich bloß des Aane gsuchd
Verlorn auf der schiefn Bohn

Grisdkind

Sie woor a glanns Grisdkind
Am Heilichn Oomd issi geborn
Sie hadds nie leichd kabbd
Gschengd issera nix worn
Mer haddsi hard hergnumma
Drum issi heid bidder und hard
Ihr Schwächn, die hammsi starg gmachd
Aufs Schennsde haddsi immer bloß gward

Sie hadd Glaader und Männer und Spaß
Sie will heid nix mehr bereia
Sie sachd, edz nimmdsi mid, wossi grichd
Obber sie grichd nix auf die Reiha
Wenns sei muß, fängdsi mid alle wos oo
Obber sie kann nix oofanga mid sich
Die machd mid allm möglichn rum
Obber sie machd hald goor nix aus sich

Sie sachd, edz glabbdsi goor kann mehr
Sie ward edz aa nämmer auf Wunder
Sie is gallnbidder und rabbelderr
Und machdsi selber gscheid runder
Des häddsersi gwieß nedd draama lassn
Dassi amoll landn dudd bei ihrm Walter
Sie hadd immer koffd, dassis schaffn kennd
Obber haddn nie gfunna, den Schalder

Sie woor a glanns Grisdkind
Am Heilichn Oomd issi geborn
Sie hadds nie leichd kabbd
Gschengd issera nix worn
Mer haddsi hard hergnumma
Drum issi heid bidder und hard
Ihr Schwächn, die hammsi starg gmachd
Aufs Schennsde haddsi immer bloß gward

Auf der langa Fahrd nooch derhamm

Ich hobb nausgschaud zu der Windschutzscheim
Nei in Reeng und in die Nachd.
Die Audo hammi mid ihrm Fernlichd geblend
Aamoll doo hobbi gmaand, daß grachd.
Im Radio hobbi nooch an Sender gsuchd
Mid am scheena, stilln Brogramm
Dei Schwesder hadd die ganz Zeid griena
Auf der langa Fahrd nooch derhamm.

Blitzd und dunnerd hadds ieber der glänzerdn Straß
A dooder Hund woor am Strassnrand gleeng.
Vom Haufn Essn doo woormer ganz schlechd
Vor lauder Kopfweh hobbi nämmer gscheid gsehng.
Du hasd na gsachd, wie arch daß du Hochzerdn haßd
Des Gscheidsde wär, mer sauferdsi zamm.
Dei Schwesder hadd die ganz Zeid griena
Auf der langa Fahrd nooch derhamm.

Ich hobb stumm auf die Schilder und Lichder
    nausgschaud
Du hasd aa Zigareddn nooch der annern grauchd.
Ich hobb lang überleechd, obber draufkumma binni
    nedd
Fier wosmer den ganzn Schlamassl doo brauchd.
Du hasd na gsachd, daß alle Leid froh sei kenna
Die wu ka Verwandschafd mehr hamm.
Dei Schwesder hadd die ganz Zeid griena
Auf der langa Fahrd nooch derhamm.

Du woorsd gloodn wie die Wolgn im Gwidder
Du hasdi ausglassn ieber die ganze Bagaasch.
Erschd dennsi so schee, na machns aan schlechd
Ihr falsch Geduu is a aanziche Blamaasch.
Ich wolld dir so arch vill soong und geem
Obber die einfachsdn Sachn bringi nedd zamm.
Dei Schwesder hadd die ganz Zeid griena
Auf der langa Fahrd nooch derhamm.

Edz simmer frei

Ich rauch draußn vorm Fensder
Es is middn in der Nachd
Mir hamm uns garschdich gstriedn
Es hadd kann ergndwos brachd.
Du liggsd dreem und dusd schloofn
Des Schweing versengd mir mei Herz
Auf deim Gsichd lichd a Schaddn
Und mei Rauch ziechd himmlwärds.

Ach, dei Flüsdern woor mei Musigg
Und dei Lächln woor mei ganz Glügg
Die Musigg is verglunga Stügg für Stügg
Bloß daß des hald so weh dudd – weh wie verrüggd!

Lusd, Freid und Wärm, die sinn ford
Bloß a Ängsdlichkeid is edz zu spiern
Du willsd glüggli sei und ich richdich frei
Wosmer woll gwinna, wemmer uns verliern?
So wiesd doo bisd, woorsdmer alles
Woorsdmer Hitz und Himml und Hald
Edz helfn unner Worde aa nämmer weider
Irgndwos reißd uns ausnanner mid Gwald.

Ach, dei Flüsdern woor mei Musigg
Und dei Lächln woor mei ganz Glügg
Die Musigg is verglunga Stügg für Stügg
Bloß daß des hald so weh dudd – weh wie verrüggd!

Draußn werds edz langsam heller
A neier Dooch ziechd glanzvoll ei
Ich werf dein Schlissl drundn in Kasdn
Die Dier fälld ins Schloß und ich bin edz frei.
Der Schlissl glabberd drin in deim Kasdn
Die Dier fälld ins Schloß und ich bin frei.
Wie a Staa fälld der Schlissl aufn Bodn
Auf aan Schlooch simmer edz furchdboor frei.

Ach, dei Flüsdern woor mei Musigg
Und dei Lächln woor mei ganz Glügg
Die Musigg is verglunga Stügg für Stügg
Bloß daß des hald so weh dudd – weh wie verrüggd!

So furchdboor annd nooch dir

Ich laaf rum im Wind und im Sturm
Ich laaf durch Strassn und Lichder
Ich laaf in der Sunna und im Schnee
Ich laaf durch Gschäfder und Gsichder
Ich schau in die ganzn Zeidunga nei
Ich siech, wossi im Fernseh widder bringa
Ich schau die Giederziech hinterher
Ich horch, wossi in der Gneibn drin singa

Ich heer dich nedd lachn
Ich siech nedd dei Aung
Ich spier nedd dei Händ
Ich riech nedd dei Haud
Ich merg bloß, daßd nämmer doo bisd bei mir
Ich merg bloß, daßmers annd dudd nooch dir
So furchdboor annd nooch dir

Ich horch, wos die Leid alles redn
Und ward auf an Satz, wu nu kanner kennd
Ich horch auf die Audo und die Veegl
Ich horch auf die Diern und die Wänd
Ich will nix mehr heern und nix sehng
Solang wie ich dich nämmer spier
Ich riech die Blumma im Reeng
Alles riechd so furchdboor nooch dir

Ich heer dich nedd lachn
Ich siech nedd dei Aung
Ich spier nedd dei Händ
Ich riech nedd dei Haud
Ich merg bloß, daßd nämmer doo bisd bei mir
Ich merg bloß, daßmers annd dudd nooch dir
So furchdboor annd nooch dir

Mei Bruder

Mei Bruder, mei Bruder
Ach, ich haß des Geschluder
Die ganzn Lieng iebrernanner
Und dasserdi so bedriech.
Mei Bruder, mei Bruder
Horch, dei Fraa is a Luder
Die hadd wos mid am annern
Und der anner, des bin ich.

Mei Bruder, mei Bruder
Horch, dei Fraa is a Luder
Und dei Bruder is a Lumb
A gscheider falscher Hund.
Mei Bruder, mei Bruder
Horch, dei Fraa is a Luder
Die drabbds mid am annern
Und der anner, des bin ich.

Mei Bruder, mei Bruder
Horch, dei Fraa is a Luder.
Die is aan wie dich goor nedd weerd.
Mei Bruder, mei Bruder
Die ganz Sach läffd ausm Ruder
Ach, mei ganz Leem, des läffd ganz verkehrd.
Mei Bruder, mei Bruder
Dir wills kanner soong
Sunsd däsdmi wohrscheins derschloong.

Mei Bruder, mei Bruder
Doo hasd a weiß Buder
Hasd des in deim Blud
Na fiehlsdi widder gud.
Mei Bruder, mei Bruder
Ich waaß, ich bin a Schufd.
Ach, mei Bruder, mei Guder
Heggsde Zeid, dassi verdufd!

Unner Mudder wenn des wisserd
Dera brecherd des is Herz.
Unner Vadder wenn des wisserd
Däd verkimmern vor Schmerz.

Mei Bruder, mei Bruder
Horch, dei Fraa is a Luder
Die machdmi starg und machdmi glaa
Wos solldn bloß wern aus mir und deina Fraa?

Mei Bruder, mei Bruder
Horch, dei Fraa is a Luder.
Die is aan wie dich goor nedd weerd.
Mei Bruder, mei Bruder
Die ganz Sach läffd ausm Ruder
Ach, mei ganz Leem, des läffd ganz verkehrd.
Mei Bruder, mei Bruder
Dir wills kanner soong
Sunsd häsdmi wohrscheins längsd scho derschloong.

Wenni ner wisserd

Ich schau naus zu meim Fensder
Wu der Reeng sei Stiggla spield
Ich stier nieber zum nassn Ginsder
So worschdegool is mir die Weld.
Ich schau naus zu meim Fensder
Und ich muß denkn an dich.
Am libbsdn froocherdi den Ginsder
Obsd du edz aa denksd an mich.

Jeder Dooch is fier die Katz
Mei Gedankn hänga fesd
Ganze Johr hobb ich verbatzd
Und die Ärberd gibbdmer den Resd.
Wenni wisserd, wos des sollerd!
Wenni ner wisserd, wossi wollerd!
Ich kummer saumäßich lumberd vor
Wenni ner wisserd, wos nu werd aus dera Woor!

Ich schau naus zu meim Fensder
Der Radio bringd widder so a Gschichd
Griesn, Griech und lauder Gängsder
Jeder is auf sein Gwinn erbichd.
Ich schau naus zu meim Fensder
Und ich siech des Gsichd von am Moo
Ich waaß nedd, greinder odder grinsder
Wos willdn der Kerl vo mir edzerd doo?

Jeder Dooch is fier die Katz
Mei Gedankn hänga fesd
Ganze Johr hobb ich verbatzd
Und die Ärberd gibbdmer den Resd.
Wenni wisserd, wos des sollerd!
Wenni ner wisserd, wossi wollerd!
Ich kummer saumäßich lumberd vor
Wenni ner wisserd, wos nu werd aus dera Woor!

Servus, mei Scheena

Worum bisdn doomools auf und dervoo?
Über Nachd woorsd nämmer zu sehng.
Bisd heid endli zufriedn und froh?
So viel is bassierd und is gschehng.
Mir leem hald und denkn nedd weider drieber nooch
Die aan draama vom Landn, die annern vom Flieng.
Mir missn alle machn, wosmer goor nedd meeng
Bloß wallmer des braung, wosmer doo dafier grieng.

Servus, mei Scheena, sooch, wie gehdsdern?
Wos machsdn allerwall? Alles baleddi bei dir?
Wu drabbsdin na so rum?
Hasd nu die ganzn Sachn von mir?
Alles gloor na, servus, mei Scheena.
Laßders gud geh, und laß amoll wos heern vo dir!
Wall waßd, ich hobbmer Sorng gmachd um dich.
Ich hobb fei wergli aweng Angsd kabbd um dich.
Also servus, mei Scheena, horch, riehrdi amoll bei mir!

Die Gsichder, wummer kennd hamm vo frieher
Hamm kann Weerd nedd und machn aam ka Freid.
In die Strassn, wu mir gspield hamm frieher
Dord sichsd heid kann Menschn weid und breid.
In die Haiser, wu mir gfeierd hamm frieher
Dord findsd heid bloß Mißgunsd und Streid
Die dreggerde Wäsch von wildfremde Leid
Glaabmers, fiers Glügg, doo wärs edz fei wergli
    langsam Zeid!

Servus, mei Scheena, sooch, wie gehdsdern?
Wos machsdn allerwall? Alles baleddi bei dir?
Wu drabbsdin na so rum?
Hasd nu die ganzn Sachn von mir?
Alles gloor na, servus, mei Scheena.
Laßders gud geh, und laß amoll wos heern vo dir!
Wall waßd, ich hobbmer Sorng gmachd um dich.
Ich hobb fei wergli aweng Angsd kabbd um dich.
Also servus, mei Scheena, horch, riehrdi amoll bei mir!

Des Zuchdhaus lichd hinder mir

Ich hobbsi los, die Handschelln und die Gidder
Die Gwälereia vo die Gnaggis und die Wachn
Heid binni frei wie der Adler am Himml
Heid kannermi widder freia und kann lachn
Wall des Zuchdhaus, des lichd edz hinder mir

Wurri jung woor, woori fleißi und ongsehng
Falsche Freind hammi ausgschmierd und ongschwärzd
Aa vor Gerichd hammsmi ausdrixd und reigleechd
Ich woor gudmüdi und bin ins Unglügg gsterzd
Obber des Zuchdhaus, des lichd edz hinder mir

Meina Mudder ihr Herz, des woor brochn
Wallsi gwißd hadd, die Gschichd woor nedd wohr
Die Brief, wus mir gschiggd hadd all Wochn
Woorn immer voller Dräna und graua Hoor
Des Zuchdhaus, des lichd edz hinder mir

Wurri jung woor, hobbi haufnweis Freind kabbd
Obber Reschbeggd und Glaum hobbi verlorn
Nooch die Johr voller Verbidderung und Schand
Willi Ruh und Friedn, des hobbermer gschworn
Des Zuchdhaus, des lichd edz hinder mir

Edz binni zamm mid aana ganz annern Fraa
A Fraa, wu nedd liengd und nedd schreid
Sie is mei Derhamm und druggndmer mei Dräna
Sie nimmdmer mei Fehler und schengdmer ihr Freid
Des Zuchdhaus, des lichd edz hinder mir

Die hardn Zeidn

Wemmer maana, des Leem is voller Dräna und Kämpf
Und daß a jeds Word bloß wie gloonga glingd
Wemmer denkn, die Weld is voller Gschmarri und
  Grämpf
Na vergeßmer leichd, wos dief in unnera Seeln drin
  singd.
Des kann bloß des uralde Lied sei
Des jeder kennd und des alle verstenn:
Die hardn Zeidn, die kumma und genn
Und aamoll doo sinnsi vorbei!

Middn im Wohlstand und im allergrößdn Vergnieng
Doo spiermer die Angsd und des Leid
Und wemmer durch Länder und Freindschafdn ziehng
Na sehngmer vill Nood und Armseelichkeid.
Obber a uraldes Lied muß des sei
Des wu mir heern und des alle verstenn:
Die hardn Zeidn, die kumma und genn
Und aamoll doo sinnsi vorbei!

Die hardn Zeidn voller Hunger und Schmerz
Die hardn Zeidn mid Stachel im Herz
Die hardn Zeidn ohne Schloof und Freid
Die hardn Zeidn – ach Kinner und Leid!

Mir suhng unner Gligg und mir suhng unnern Schatz
Jeder wos annersch, wos sei Schaddn verscheichd
Aamoll doo finnermer unner Ruh und unnern Blatz
Dord is alles hell und warm und weid und leichd.
Drum stimm in des uralde Lied edz mid ei
Des wu jeder kennd und des alle verstenn:
Die hardn Zeidn, die kumma und genn
Und aamoll doo sinnsi vorbei!

A eewich aldes Lied muß des sei
Des wu mir heern und des alle verstenn:
Die hardn Zeidn, die kumma und genn
Und aamoll doo sinnsi vorbei!

Leech dei Schwächn auf mei Schwächn

Leech dei Schwächn auf mei Schwächn
Midnanner simmer villeichd a Machd.
Leech dein Stolz auf mein Stolz
Na simmer a wohre Brachd.
Leech dei Dooch auf mei Dooch
Na kummer durch a jede Nachd.

Ich bin so derschloong
Ich mooch goor nix mehr soong
Ach, wos wärin bloß ohne dich?
Wenn du nedd wärsd
Ach, du wennsd nedd wärsd
Wäri nix wie bloß ich.

Leech dein Schaddn auf mein Schaddn
Na sehngmer a weng an Glanz.
Leech dei Drimmer auf mei Drimmer
Na hammer villeichd wos Ganz.
Leech dei Angsd auf mei Angsd
Na drehmer an gscheidn Danz!

Ich bin so derschloong
Ich mooch goor nix mehr soong
Ach, wos wärin bloß ohne dich?
Wenn du nedd wärsd
Ach, du wennsd nedd wärsd
Wäri nix wie bloß ich.

Leech dei Scherm auf mei Scherm
Des gibd villeichd na a Stigg.
Leech dei Schweing auf mei Schweing
Na spilld bei uns die Musigg.
Leech dein Schmerz auf mein Schmerz
Na finnermer unner glanns Gligg.

Ich bin so derschloong
Ich mooch goor nix mehr soong
Ach, wos wärin bloß ohne dich?
Wenn du nedd wärsd
Ach, du wennsd nedd wärsd
Wäri nix wie bloß ich.

6 Hinnerwidder & redur

Zutreffendes bitte ankreuzen

Du bisd einmoolich.
Jeder hadd wos Bsonders.
Du bisd aa nix Bessers.
Jedn kammer ersetzn.

Jeder hadd sei Aufgoob.
Jeder hadd sei Muggn.
Jeder is a Zumudung.
Jedn kammer vergessn.

Uns gehds heid vill besser.
Mir hamms heid vill leichder.
Mir sinn ka bißla weider.
Alles werd immer schlimmer.

Wemmer auf Drohd is, kammers zu wos bringa.
Doo kannsd soong, wosd moggsd, die machn, wossi
    meeng.
Des kummd ja doch, wies kumma muß.
Des hadd doch alles kann Weerd.

Auf jeedn Aanzlna kummds oo.
Jeder hadd wos ganz Eings.
Mir hamm doch eh nix zu soong.
Mir sinn sowos vo worschd.

Du bisd dodool subber.
Du bisd besser wiemer dengd.
Du bisd scho nedd schlechd.
Du bisd echd des Letzde.

Des is alles wunderboor.
Des is alles a Glaggs.
Des is alles so schwierich.
Wiesders maggsd, is verkehrd.

Brobbaganda

Wennsd a Haus hasd
Na bisd gliggli
Wennsd a Audo hasd
Na bisd frei

Wennsd an Fernseh hasd
Bliggsd immer voll durch
Wennsd an Radio hasd
Griggsd immer alles mid

Des wosd gern meechersd
Des wosd nedd griggsd
Des wosder versprochn werd
Des wosd na griggsd

Wennsd an Kombjuder hasd
Isder nämmer langweili
Wennsd a Indernedd hasd
Bisd nämmer allaans

Wennsd a Händy hasd
Bisd dei einger Herr
Wennsd a Smardfoon hasd
Na kerder die Weld

Wers glabbd, werd seeli
Wers kaffd, werd gliggli
Wers hadd, dem is heilich
Der lebbd braggdisch eewich

Der hadd in Himml auf Erdn

Des sichd eich gleich

No, vo dir heerdmer ja scheena Sachn!
Du mäggsdmer Spaß!
Du läßders ja ganz schee grachn.
Also alles, wos rechd is.
Ja wenn des a jeder macherd?
Ja wu kämerdmern doo hie?
Des wär ja nu schenner!
Doo kennerd ja a jeder kumma!

Ja wos fällder denn ei?
Ja doo heerdsi doch alles auf.
Ja wu fiehrdn des nu hie?
Ja giddsn doo aa nu a Gsetz?
Ja ihr redd eich leichd.
Ich hobb fei mei Zeid nedd gstolln.
Ich hobb kann Geldscheißer nedd!
Ja des sichd eich gleich!

Ach kumm, glaab die Grämpf doo!
Ich glaab, dir gehds zu gud.
Des kannsd machn wie a Dachdegger.
Ach, doo kammer soong, wosmer mooch.
Die schmiern aan all Dooch annerschder aus.
Obber eich kerds nedd annersch.
Gschichd eich gscheid rechd.
Des schadder nix.

Wosd nedd soggsd.
Du hasds needi!
Doo fressi an Besn!
Sei froh, daß gsund bisd.
Kumm, duddi nedd oo!
Des leechdsi, des gibbdsi.
Des werd scho widder.
Des sehngmer scho, des greengmer scho.

Morng is aa nu a Dooch, na sehngmer weider.

Vom Hunnerdsdn ins Dausndsd

Wemmer redn däd, so wissis keererd
Wemmer soong däd, wos gsochd kerrerd
Wemmer blaudern däd, so wiemers meecherd
Wemmer raatschn däd und wemmersi na so richdi
  verwaaferd

Doo kummerdmer vom Hunnerdsdn ins Dausndsd
Witzblitz kummersd doo vom Graud in die Ruum
Vom glennsdn Bibifax zum mords Drumm Ding
Vom Gwehnlin zum Schennsdn, vo die Federn aufs
  Stroh

Und bisdi versiggsd, kummersd vom Steggerla aufs
  Scheidla
Vom Straiberla aufs Steigla
Vom Breggerla aufs Beedla
Vom Spreißerla aufs Breedla

Und vo der Ärberd zum Kinnergrieng
Vo die Ägger zum Griech
Vo der Kichn in die Kerng
Vom Heiern zum Sterm

So schnell schauersd du goor nedd
Kummersd vom Kopfserlood aufn Heilin Geisd
Glabbsders, des geeberd ganza Biecher –
Ja wu schrabbdmern des na bloß hie?

Grundloong

Greeberla
Schusserloch
Blatzbadrona
Bohnerwaggs

Spinnafresser
Heggnschlupfer
Mohnkopflaabla
Pfennigracher

Doo woori in Herrgodd seim Worschdkessl drin
Doo binni mid die Schnoogn gfloong
Doo haddmi der Storch na brachd
Doo hammsmi mid der Kuhmilch aufzoong

Rotzfohna
Brebbers
Komfers
Beichdn

Seidnscheidl
Glinglbeidl
Seidnstechn
Schwitzkasdn

Doo binni mid die Schnoogn gfloong
Doo haddmi der Storch na brachd
Doo hammer gschusserd midnanner
Doo hammi die Gäns ausglachd

Loocherfeier
Liechestitz
Lungaziech
Liechesitz

Daumschlooch
Kissnschlachd
Wünschelrudn
Blausiegelnachd

Doo binni auf der Milchsubbn dahergschwumma
Doo hammer Kerschn gessn zwischer Dunkl und
    Siggsdminedd
Doo hammer die Arie von der wildn Sau gsunga
Des Lied vom schleichndn Schieß am Fensderbredd

Kerng

Sei nedd drauri
Kumm ner rei doo
Doo inna därfsdi ausruha
Doo därfsd schweing und sinniern

Des is der Ord fiers Hechere und Differe
Wusd die Doodn driffsd
Wusd die Leid na vergißd
Wusd in Himml spiersd

Ka Mensch muß wos machn odder soong
Nix kaafn, nedd lachn, nedd gloong
Du hoggsd bloß doo und horgsd
Wissi wos reeng dudd in dir

A glanns Veecherla in deina Seeln
Wu a Lied singd, wusd nunni verstehsd

Doo woorns amoll koggd

Doo woorns amoll koggd
Die Wergerdeechin in ihra sunndeechin Woor
Die Wercher mid ihr rauhschelfin Händ

Die mid die blaua Kiddl und Scherzer, mid die Kabbm
     und Kopfdiegle
Mid die aldn Jubbm und Stiefl und Mandschesderhosn
Mid die baumwollin gnielanga Hemmerder

Mid der aldn Zeidung zammgleechd in die Galoschn
Mid die gstopfdn Strimpf und oodroongna Glaader
Mibbm Eibrenni im Moong und die Einäher am Leib

Die mid die Haua in die Ferng und mibbm Buggl in
     die Beeder
Die wu die Bressaggschwardn midzammsdn Schnerpfl
     noowerng
Wu die Kaffeebeidl glei a boor Moll ieberbrieha
Und die Biggslersmilch, die werd aufgschniedn und
     ausgschwangd

Doo woorns amoll koggd
Die Wergerdeechin in ihra sunndeechin Woor
Die Händ voller Dreeg und die Daschn voller
     Dankschee

Wissi graggerd hamm und gsorchd und gspoord!
Wissersi bloochd hamm und gärcherd und gfreid!
Hungria Wercher, ihr Lebdooch zammgratzd und
     gnauserd

Ihr Leem lang woornsi drauf aus und auf Drohd und
 im Drabb
Bissis zammhaud, bissi ford sinn und ihr Woor, die
 kerd fremda Leid.

Die aa Hehna, die gratzds zamm, die anner scharrds
 widder vernanner
Wenn die Maus hald voll is, schmeggd is Mehl bidder.
Glanna Veegl meecherdn großa Gralln.
Gibbsdna die ganz Weld, na griengsi immer nunni
 gnuuch.
Wenn der Vogl sadd is, na mächdersi ausm Staab.

Allmächd – die ganzn aldn Gschichdn sinn
 neigschriem in unner Gsichder
Mir schepfn alla bloß Wasser von am uraldn Brunna
Mir staabin Brieder mid unnerm Fitzerla Leem
Middn im Gwerch und im Drabbl und allaa auf
 weider Flur.

Ja, mir haua aufn Butz, mir grebbsn rum, mir
 worschdln uns durch
Mir reißn ka Bammer raus und mir versetzn ka Berch
Des Leem läbberdsi zamm und des Leem läffder
 dervoo
Alles reechdsi, alles leechdsi, alles verläffdsi am End
Du bisd bloß a Schlooch ins kald Wasser
Drum duddi nedd oo, ach kumm, duddi hald nedd
 oo.

Dichdi und gscheid fesd

Ner dichdi gärberd
Ner dichdi gspoord
Ner dichdi
Au Wunner

Ner fesd gessn
Ner fesd drunggn
Ner fesd
No fraali

Ner gscheid neiglahnd
Ner gscheid neikaud
Ner gscheid
Nix annersch

Des baßd scho
So kerdsi des
Des kennder alles wechbutzn
Des därf ruhich goor wern

Doo kammers aushaldn
Doo braugsd weider nix mehr
Ner dichdi und gscheid fesd
Na baßd die Brilln

Ja doo kammer eich hoom

Es woor gnuuch doo

Es woor gnuuch doo
Gnuuch zum Essn und zum Leem
Es hadd nix gfelld
Wosmer brauchd hamm, hammer grichd.

Bismer gnuuch kabbd hamm
Vom Ord und vo die Leid
Ercherdwos hadd gfelld
Und mir hamm gsuuchd, wosmer nedd grichd hamm.

Heid hammer gnuuch
Gnuuch vo der Weld und gnuuch vo der Zeid.
Uns felld braggdisch goor nix
Bloß mir grieng hald nedd gnuuch.

Ercherdwos felld immer.
Ercherdwos baßd nedd, glabbd nedd, werd hie.
Ercherdwos bassierd, kummd derzwischn.
Ercherdwos is rum und is ford und is nix.

Es wär gnuuch doo
Wenn mir hald nedd wärn.

Waaß aa nedd worumm

Manchmoll binni dodool am Bodn
Ich waaß goor nedd worumm
Und na gehi glei widder in die Lufd
Ich waaß scho, des is dumm

Obber wos sollin machn
Ich waaß ja aa nedd worumm
Manchmoll griechi hald mei Griese
Na stingdmer jeds Drumm

Na baggis nämmer
Na rasdi eem amoll aus
Na griechi mein Rabbl
Na schmaaßi alles naus

Odder ich liech in der Eggn
Und laßmi hänga wie bleed
Du stundnlang am Sofa hoggn
Und denk, daßmi kanner verstehd

Worum nimmin alles grumm?
Worum hängermin an alles so noo?
Worum werdmern alles zu dumm?
Worum lichdmern am End nix mehr droo?

Mir felld nix
Obber alles nerfdmi
Ich hobb, wossi brauch
Obber alles schlauchdmi

Mir gehds braggdisch –
Ich maan, ich fiehlmi wergli –
Also eigndli gehdsmer scho –
Ach vergisses!

Feierzeid

Wein und Kerzn
Musigg und Frichdle
Debbich und Kissle
Glaader und Haud
Libbm und Hoor
Haaß ganzergoor

Mir fanga Feier
Wie keenia Spä
Mir stenna in Flamma
Wie keenia Schlassn
Mir brenna lichderloh
Wie keenia Scheidle

Die Glud will bloß brenna
Die dengd an ka Aschn
Der Dorschd will bloß drinkn
Der kennd ka leera Flaschn

Der Hunger will verschlinga
Will neibeißn und schmeggn
Die Lusd will nix wie spiern
Jeds Fitzerla a Zuggerschleggn

Wein und Kerzn
Musigg und Frichdle
Debbich und Kissle
Glaader und Haud
Libbm und Hoor
Haaß ganzergoor

Einzich und allaans

Die Nächd woorn doomools dunkler
Und aa vill stiller und vill diefer
Des Lichd vo die Scheinwerfer
Is rumgwanderd an der Wänd
Die Bredder vom Bargeddboodn hamm gnarzd
Der Stull hadd gnaggd und gwietschd

Irgndwu haddmer a Stimm keerd
Aus aana annern Wohnung
Vo aana Sendung in aana Stumm
Der Reeng hadd rooglatschd an die Scheim
Der Wegger hadd diggd und gruggerd
Und du hasd neigstierd in die finsdre Stund

Dei Kopf woor a Kugl aus Bedong
Wu droohängd an aana langa, schwern Keddn

Wenn is Schlimmsde rum is
Fängd alles annere erschd oo

Beim Gräbergießn

Ich horch an nix noo.
Ich frooch aa nooch kann.
Ich kumm nercherds hie.
Drum griechi aa nix mid.

Ach, ich geh nedd vo doo bis dord noo.
Ich siech in ganzn Dooch kann Menschn.
Die ganz Wochn kummi zu ka Leid.
Na mussermi wenigsdns nedd ärchern.

Ich hobb, wossi brauch.
Wossi hoom muß, kannermer kaafn.
Ich hobb all Dooch mei Ärberd.
Mer dudd hald, wosmer nu doo kann.

Des hilfd ja nix, wos willsdn machn?
So haudmersi hald durch.
Wie gehdsn na dir, sooch amoll?
Du siggsd fei aa nedd gud aus!

Du bisd rechd zammganga, maani.
Sooch bloß, du hasd wos?
No fraali, ich maan, dir felld wos!
Gell, du gloogsd aa?

Naja, wos mußmer hoom
Und wer nix hadd
Der hadd aa wos
Der hadd hald wos annersch

Der waaß bloß nu nix vo seim Gligg.

In der Händ

Immer woor wos in ihra Händ
A glabbrerder Schlisslbund
A zerdellds Brillneddwie
A Schlissl zum Aufziehng vo der Stummuhr
A speggerder Geldbeidl
A stoffis Daschndiegla
A raschlerder Pfefferminzbommbomm
A fleggerds Häferla
A ausgschwangds Sempfdgleesla
A gäddlis Dubberwoorschisserla

Immer hadds wos in der Händ kabbd
An Blassdiggbeidl
An Oospilllumbn
An Scharmitzl
A Eiweggloos
A Schmiersaafnaamerla
A Schneiddeiferla
A Noodlkissla
A Hoorspängerla
A Salmduubm
A Zeidungsschnibbserla
A Dableddnschächderla
A Kalennerbleedla
A Kebbserla
A Streichhelzla
A Steggnäderla

Drum wärs edz arch schee
Wennsi heid Aaner
Aa in seina Händ hädd

Obachd

Wemmer nedd Obachd gibbd
Na baßd ball nix mehr zamm

Wall wos nedd kaldn werd
Des gehd vernanner

Wer nedd auf Zagg is
Is ruggzugg wech vom Fensder

Wenn nix gschehng dudd
Na bassierd hald wos

Wos na bassierd
Des gschichd aam rechd

Wennsd nix maggsd
Na kannsd wos derleem

Wos nedd gschehng dudd
Des machder na zu schaffn

Wenn doo na nix bassierd
Na kammer vo Gligg redn

Du saggsd, des woor scho immer so
Es kummd hald so, wies gschehng muß

Du saggsd, du kummsd scho zurechd
Kann kumma, wos mooch

Mancha maana, doo kann alles bassiern
Obber gschehng duddna nix

Des sinn na die Erschdn
Denna wu wos bassierd

Na is gschehng
So weid kummds na

Des Groos im Wasser

Des Groos im Booch zwischer die Wiesn
Siechi rumzabbln und wedln
Hinnerwidderwinggn im Wasser
Wie a Fähnla im Wind hinnerwidder und redur

Des ganze Wasser läffd vorbei
Des Eis vom Nordbool
Und der Gletscher vom Südbool
Der Schnee vom Fudschi
Und der Schnee vom Kilimandscharo
Vom Madderhorn und vom Himalaja
Und a Spruuz aus der Diefsee

In dem Wasser doo is alles drin
Der Schwaaß und die Dräna
Der Nil und der Mississibbi
Die Wasserfäll vom Sambesi und Niagara
Der Rauhreif vom Berch Sinai
Die Hooglkerner vo der Sintflut
Die Daudropfn vom Gardn Gethsemane
Des Quellwasser vom Siggfried
Der Reeng vo Macondo
Die Nebl vo Avalon
Die Schneefleggle vo fehrdn
Und der Frosd vo vorfehrdn
Vo dem Ganzn läffd doo wos vorbei
An dem Groos im Booch doo
Des Wasser waaß, wos amoll woor

Des Groos im Booch zwischer die Wiesn
Siechi hinnerwidderwinggn im Wasser
Die ganz Zeid hinnerwidder und redur

Fesdgworzld sei und gscheid beweeng
Waggsn und blieha und leichdn
Alles miedgrieng und alles kenna
Alles heern und sehng
Alles spiern und schmeggn und versteh
Alles geem und alles greeng
Alles leem und drin beweeng
Hinnerwidder und redur
Hinnerwidder und redur

Endverbraucher

Wos waaßmern scho gwieß
In dem Leem?
Daß Beileid, Dankschee und scheene Grieß
A scheene Leichd ergeem?

Daß letzdn Ends alles nausläffd auf a Greiz und a boor
   Gränz.
Daß der Ober in Under stichd.
Daß ab und zu obber aa – so wie beim Wenz –
Der Under alle annern grichd.

Ohne Geld bisd der Weld ihr Orsch.
Es kummd masdns annersch als wimmer dengd.
Der Bressagg is die greßde Worschd.
Wos zälld, is des, wosmer opferd und schengd.

Wosd verliersd, des blabbder.
Wos wechgibbsd, des griggsd.
Wosd hasd, des verstabbder.
Wos zu vill is, is verflixd.

Wosder wichdi is, spilld ka Rolln.
Wos vill gild, des hadd kann Weerd.
Wosdi umbringd, des wersder holln
Und wosd fier richdi häldsd, des is villeichd verkehrd.

Wos waaßmern scho gwieß
In dem Leem?
Wer willdn des scho wissn
Fier wos mir Endverbraucher doo leem?

Hinnerwidder & redur

Hinnerwidder & redur
heemerdreem ieberzwerch
gringsdlersrum greizergweer
rieber und nieber
drunder und drieber
ieber Buggl und Berch
nauf und nunder in aana Duur
hinnerwidder & redur
ganzergoor durcherdurch

zwischer Edzerd und Nacherdla
zwischer Heid und Morng
zwischer Dunkl und Siggsdminedd
zwischer Doo edz und nacherdla Droom

zwischer der aan Seidn und der annern
zwischer Undn und Oom
zwischer Hinderschi und Veederschi
zwischer Oofanga und Aufheern

zwischer dem, wos woor, und dem, wos is
zwischer dem, wos ford is, und dem, wos kummd
zwischer dem, wos is, und dem, wos sei kennerd
zwischer dem, wosmer leem, und dem, wosmer
    draama

zwischer dem, wossi heid bin, und dem, wossi nedd
    bin
zwischer dem, wossi meecherd, und dem, wossi grichd
    hobb

zwischer dem, wossi hobb, und dem, wossi braicherd
zwischer dem, wossi kann, und dem wossi sollerd

zwischer dem, wosd im Kopf hasd, und dem, wosd in
    der Händ hasd
zwischer dem, wos aam kummd, und dem, wos nedd
    gehd
vo der Händ nei in Mund, vom Mund zu die Ohrn
vo die Ohrn zu die Händ, vo die Händ nei in die
    Weld

zwischer Kopf und Weld
hinnerwidder & redur
heemerdreem ieberzwerch
gringsdlersrum greizergweer
rieber und nieber
drunder und drieber
ieber Buggl und Berch
rauf und runder in aana Duur
hinnerwidder & redur
ganzergoor durcherdurch

7 Schlenderer & Ziggareddnberschla

Schlenderer

Wenn des Wedder schee is
Dreibdsmi nei in die Stadd
Wenni rumlaaf in die Straßn
Sehngsi mei Aung niemools sadd.

Scheene Fraun denna lächln
Wenni an Kaffee drink und schau
Na kummer a weng ins Blaudern –
Und na machi a boor Dooch lang blau.

Ich bin a Schlenderer
Wu gern flanierd und rumspazierd
Ich schlender durch die Gegnd
Ergndwos gibbds immer zu sehng
Ich bin hald a Schlenderer
Der wu genießd und schnabulierd.

Aa bei Reeng und bei Schnee
Schaui in die Schaufenster nei
Kaafmer wos Scheens in am Loodn
Odder Blumma in der Gärdnerei.

Ich drink Broseggo odder an Bordoo
Kaafmer greene Hosn und rode Schuh
Und mei Aung under meim Hud
Freiersi aufs näggsde Rondewuu.

Ich bin a Schlenderer ...

Ich sing mei Lied alls weider
Und ich pfeif auf die Weld
Wossi brauch und wosmer gfälld
Doo dafier langd mir mei Geld.

Ich machmer ka Sorng und ka Gedankn
Wos des Leem nu vorhadd mid mir
Wennsmer zu vill werd, des Ganze
Na gehi schnell naus zu der Dier.

Ich bin a Schlenderer ...

Ziggareddnberschla

Frieh beim Kaffee
Zündermer aane on.
Middoogs noochm Essn
Steggermer aane on.
Oomds na beim Bier
Raungmer a boor midnanner.
Mei Ziggi ismer des Libbsd
Und na kummd lang nu kanner!

Ich bin a Ziggareddnberschla
Woor scho immer a Ziggareddnberschla
Bleib eewich a Ziggareddnberschla
Ziggareddnberschla

Aufgeem hobbi wolln
Scho dausnd Moll.
Edz langdsmer! Hobbi gsochd
Edz hobbi die Schnauzn voll!
Obber am näggsdn Dooch
Woori widder droo kängd
Bin mid der Ziggi in der Goschn
In der Gegnd rumgrennd.

Ich bin a Ziggareddnberschla
Woor scho immer a Ziggareddnberschla
Bleib eewich a Ziggareddnberschla
Ziggareddnberschla

Mei Glühwürmla
Mei Gwalmstängla
Mei Zungareiberla
Zeidverdreiberla

Zum Deifl mid dera Raucherei!
Edz is aus, Schluß und vorbei!

Raddnscharfa Schneggn in der Raddiologie

Mir is allerwall ganz daamisch
Ich glaab, ich hobb wos am Herz
A Wahnsinnsfraa hobbi droffn
In der Raddiologie neili im März
Die schaud gud aus und strohld so schee
Der gehd die Ärberd leichd vo der Händ
Durchleichdmi, bestrohlmi, des volle Brogramm
Glaabmers, ich bin dei besder Baziend

Raddnscharfa Schneggn in der Raddiologie
Du hasdmi umkaud, ich liech auf die Gnie
Der Uldraschall sachd: Du bisd a subber Bardie
Der Kernspin sachd: Bei uns stimmd die Chemie
Mach a CD vo mir odder a Bedd-Dommografie
Du oder kanne, edz odder nie

Dei Magnetfeld is der Hammer
Mei Greislauf rodierd
Du bisd a haaße Flamma
Du bisd voll zertifiziert

Ich hobb ka Überweisung
Ich woor bei kann Doggder nedd
Fier dich gehi obber durch die Röhre
Obbi edz verkalchd bin odder nedd
Jeds Kondrasdmiddl dädi schluggn
Ich pfeif auf die Organfunktion
Bei mir hilfd nedd amoll a Bai-Baß
Heggsdns a Dodaalobberazion

Raddnscharfa Schneggn in der Raddiologie
Du hasdmi umkaud, ich liech auf die Gnie
Der Uldraschall sachd: Du bisd a subber Bardie
Der Kernspin sachd: Bei uns stimmd die Chemie
Mach a CD vo mir odder a Bedd-Dommografie
Du oder kanne, edz odder nie

Flindn im Korn

Hals ieber Kopf
Dür ins Haus
Gnall auf Fall
Spitz auf Gnopf
Dregg am Steggn
Bladd vorm Mund
Noogl aufn Kopf
Fausd aufs Auch

Ja so schauds aus
Flindn im Korn

Hand aufs Herz
Herz auf der Zunga
Hoor zu Berch
Fausd aufn Diesch
Hoor in der Subbm
Dorn im Auch
Katz im Sagg
Hoos im Pfeffer

Ja so schauds aus
Flindn im Korn

Sau durchs Dorf
Briegl in Weech
Bogg zum Gärdner
Kind im Brunna
Fähnla im Wind
Laus im Belz
Deifl an der Wänd

Ja so schauds aus
Flindn im Korn

Kerch im Dorf
Schäfle im Druggna
Lichd underm Scheffl
Bredd vorm Kopf

Ja so schauds aus
Flindn im Korn

Brommenaadnmischung

Ich bin dei Brommenaadnmischung
Ich bin dei Daggl und dei Moo
Du führsdmi aus und führsdmi vor
Und ich joochder all dei Gspensder dervoo

Ich bin dei schnugglsüßer Schoßhund
Ich kuschl und ich gnuutsch mid dir
Ich bin dei broover Bernhardiner
Ich bringder dei Leemselixier

Obber du dressiersdmi und du schamboniersdmi
Du frisiersdmi und du verfiehrsdmi
Ach, du draggdiersdmi
Ich bin dodal am Hund
Du riggsdmi nu ganzergoor zugrund

Ich bin dei scharfer Schäferhund
Ich beiß alla mid meim großn Maul
Ich bin dei begossner Budl
Ich steh im Reeng und gläff und jaul

Ich bin ka Windhund und aa ka Jachdhund
Ich bin ka Blindnhund und aa ka Brachdhund
Ich bin ka Schießhund und aa ka Kampfhund
Und aa ka Sauhund binni nedd

Obber du dressiersdmi und du schambuniersdmi
Du frisiersdmi und du verfiehrsdmi
Ach, du draggdiersdmi
Ich bin dodal am Hund
Du riggsdmi nu ganzergoor zugrund

Ich waaß scho
Ich bin ja bloß a Brommenaadnmischung
No fraali
Ich bin ja bloß dei Brommenaadnmischung
Obber horch, a Sauhund binni scho, nä?

Des gehd leichd

Aa wemmer nedd midnanner geh dudd
kann wos laafn.
Aa wemmer nedd midnanner rumläffd
kann wos geh.

Aa wenn wos geh dudd
kanns sei, daß goor nix läffd.
Aa wenn wos läffd
kanns sei, daß nix mehr gehd.

Aa wenns voll leer läffd
kanns voll abgeh.
Aa wenn wos grood abläffd
kanns voll schief geh.

Aa wemmer mid aam wos hadd
muß nu lang nix droo sei.
Aa wenn wos droo sei sollerd
mußmer nu lang nix mid dem hoom.

Aa wemmer mid aam aweng rummachd
mußmer nu lang nu nix vo dem wolln.
Aa wemmer vo dem wos wolln däd
mußmer nu lang nix mid dem hoom.

Aa wemmer wos midnanner hadd
muß nu lang nix dabei rauskumma.
Aa wemmer mid dem wos oofängd
mußmer nu lang nix davoo grieng.

Schwer is leichd wos
und des Leichde arch schwer.
Leichd is schwer wos
und des Schwere nedd leichd.

Voll gud drauf

All Dooch auf Ärberd, ständich auf Achse
Immer auf Drabb und auf die Baa
Auf die Schnelle, aufm Sprung
Auf Zagg und auf Drohd

Vill auf der Pfanna, echd wos aufm Kasdn
Voll aufm Damm und auf der Hud
Immer auf Dermin, auf Bieng und Brechn
Aufm Zohnfleisch und wergli aufn Hund

Ich bin voll gud drauf

All Dooch auf Spannung, auf Strom
Edz auf der Stell und auf aan Rutsch
Auf Drugg und aufm letzdn Drigger
Auf der Leidung und aufm Schlauch

Aufm Kieger und aufm Kerbholz
Aane aufn Deggl und Aane aufs Auch
Aufm Wegger, auf Hunnerdachdzich
Voll auf Kande und echd aufn Sagg

Ich bin voll gud drauf

Auf Rezebbd und auf Dableddn
Aufm Dribb, voll auf die Bsyche
Auf Erholung und auf Diäd
Auf Kur und auf Reha

Widder dobb auf der Höh
Aufm Schirm, auf Dauer aufm Druggna
Widder voll aufm Laufndn
Auf Vollgas, auf jedn Fall

Auf gud Glügg, auf Zeid
Auf Nimmerwiedersehng
A ewigs Auf
Und Ab

A ganzer leberzwercher

Des is a ganzer Ieberzwercher
Dem babbd des Bech an die Feersn
Wos der oolangd, des werd schimmli
Wu der sei Griffl drin hadd, gibbds nix wie Murx
Wu der stehd, doo kumma die Muggn
Der is zu dumm zum Wasserlassn

Wu der hiesteichd, doo schwelgn die Blumma
Der wenn durch die Stadd läffd, na greina die Kinner
Der wennsi aufs Fohrrood hoggd, na fährder an
    Bladdn
Der wenn a Weisbild hadd, na is a Schwardn
Der wenn in Wald neigehd, na freggn die Bammer
Vo dem sei Gschmarri, doo freggn die Webbsn

Der is so dumm wie a Dornschuh
Der is so bleed, dasser hutzd
Der Doldi is wergli enorm
Der baßd in a jeda Uniform

Schweinegribbn-Blues

Servus, alde Worschdhaud
Mensch, gibbmer bloß ka Händ
Sunsd steggermi oo mid dem Virus
Und vielleichd wär des mei End

Ich will ka Schweinegribbn grieng
Naa, ich will nix von dem Zeich
Wall, hasd keerd, so an Erreecher
Den haddmer fei gleich

Servus, alde Worschdhaud
Geh bloß nedd her zu mir
Mei Immunsystem wär glei am Hund
Wennermi oosteggn däd bei dir

Ich will ka Schweinegribbn grieng
Naa, ich will nix von dem Zeich
Wall, hasd keerd, so an Erreecher
Den haddmer fei gleich

So a Sausagg

A gnorzerder Gnagger
Wu gnauserd und gnarzd
A gnabberder Gnigger
Wu rumgnaunzd und gatzd

A so a Sausagg
A so a Sausagg

A gnorriä, gniefieslerder Gribbl
Wu bloß grandld und glotzd
A scheißliä, schofliä Schliffl
Wu nix wie schänd und motzd

A so a Sausagg
A so a Sausagg

A gratzerder Gnochn und Gwietscher
A Druutscher, a Draatscher
A haaßgrädiä Gribbl und Grietscher
A Gneetscher, a Graatscher

A so a Sausagg
A so a Sausagg

A belziä Raubauz, a Gilfer, a Gracher
A eirissiä, kandiä Kund
A gropferder, glotzerder Gloof
A hardbichiä Hund

A so a Sausagg
A so a Sausagg

Doo dervoo redi

Wenni wos waaß, na redi
Sunsd soochi nedd mehra wie needi
Wossi kerd, des dubbi und des gebi
Wossi gsochd hobb, des verdreedi
Wenni an Daach will, na gneedi
Wenni nämmer weider waaß, na beedi
No fraali, doo dervoo redi

Kannsd soong, wosd moggsd, ich verstehdi
Wos maansdn, ich bin doch ka Beebi
Ja weider nix mehr, understehdi
Ich bin zwoor aaschifdi und leedi
A weng ieberzwerch und dobblbeedi
Mei Händ sinn olber und mei Hoor sinn zeedi
Obber des hobbi fei wergli nedd needi

Wos zu soong gibbd, des beredi
Wall ohne a Gaudi verbleedi
Weider hobbi nix needi
Doo derfier lebi
Still und steedi

Doo derfier lebi
No fraali, doo dervoo redi

A mords Drumm Lätschn

Wossi du
Des gfälldmer nedd
Wossi mach
Des bringdmer nix
Wossi oofang
Des werd hald nix
Wurri herkumm
Des sachdmer nix

Wossi hobb
Des willi nedd
Wossi will
Des siechi nedd
Wossi griech
Des moochi nedd
Wossi mooch
Des griechi nedd

Wossi denk
Des soochi nedd
Wossi sooch
Des glaabi nedd
Wossi heer
Des baggi nedd
Wossi waaß
Des boggdmi nedd

Wosmi freid?
Des waaßi nedd.
Wossi will?
Ich waaß doch nedd!

Wossi hobb?
Kumm nerfmi nedd!

Daamische Nachd

Grawaddnheini hoggn im Schneggnschubbn drin
Der Mond hadd a blaus Auch auf der Straß
Die Zasder-Brieder basdln an am mordsgrumma Ding
Der Wind häld a Breedichd in der Gass
Du suhgsd dei Heil im Flibberaudomoodn-Gwinn
Der Himml schmaßd Stern runder aus Spaß.

Ja widder so a daamische Nachd
Wumer nedd waaß, wu sollmern nu hie?
Wos haddsmer denn brachd
Dassi rumhäng hellwach ... bis in der Frieh?
Ja bloß widder so a daamische Nachd.

Die Maadle gaffn aus ihr Kalendergsichder raus
Auf ihr Wischkäsdle mid Schniggschnagg und Zeich
Die Jungs bumbn ihre Muggis gscheid auf
Und goggln am Deer rum wie die Scheich
Vom Feier in der Brusd sinnsi arch dorschdi drauf –
Hobb, edz breddermer wie die Henker durchs Reich!

Ja widder so a daamische Nachd ...

Alla simmer am Rodiern wie a Bläddla im Wind
Wallmer maana, mir braung ka Derhamm.
Ich stier ins Leere und verjubl mein Spridd
Mei Gedächdnis is wie a Karrn drin im Schlamm.
Na baggi ergnd a Droosdpflasder am Schopf
Und fühlmi wie a Hoor in am Kamm.

Ja widder so a daamische Nachd ...

Kumm schleichdi, alder Katzergribbl!

Gesdern Nachd is saumäßi späd worn
Bis in der Frieh simmer dord zammkoggd
Des Bier hadd gschmeggd, der Grabba woor gud
Mir hamm kardld und glachd und zoggd.

Kumm schleichdi, alder Katzergribbl!
So an Kooder brauchi edz fei nedd!
Allmächd, gehds mir schlechd.
Du hasdmer gwieß ins Hirn neigschiffd?
Am besdn leechermi glei widder nei ins Bedd.

Gestern woori mid aana subber Schneggn zamm
A haaßer Feecher, dera wu der Schambus schmeggd.
Mir hamm die Nachd zum Danzn brachd
Obber mei Kopf is heid wie gfreggd.

Kumm schleichdi, alder Katzergribbl ...

Ach, mei Leem woor schee wie a Keeskuhng
So rund und fruchdi, so frisch und leichd.
Ich ferchdmi fei aa nedd vorm schwarzn Moo
Wenner kummd, werdn die Meinung scho geichd!

Kumm schleichdi, alder Katzergribbl!
So an Kooder brauchi edz fei nedd!
Allmächd, gehds mir schlechd.
Du hasdmer gwieß ins Hirn neigschiffd?
Am besdn leechermi glei widder nei ins Bedd.

Middwochskind

Ich bin a Middwochskind
Ich steh ganz allaans im Wind
Es gibbd nix, des wummer baßd
Auf kann Menschn is Verlaß

Am Middwoch werd die Wochn daald
Ich fühlmi saumäßich zerrissn
Auf jedera Seidn lichd a Daal
Auf alle zwaa is gschissn

A Middwochskind, des hadds arch schwer
Sei Leem hängd an aana dünna Schnur
A Middwochskind läffd greizergweer
Allaans auf weiter Flur

Am Middwoch werd die Wochn daald
Ich fühlmi saumäßich zerrissn
Auf jedera Seidn lichd a Daal
Auf alle zwaa is gschissn

A Sunndoogskind, des stehd im Lichd
Dem fälld des Glügg in Schoß
A Middwochskind muß nehma, wos grichd
Und hadd nie a volls Gloos

A Sunndoogskind, des grichd, wos will
Kanner duddna wos verwehrn
A Middwochskind hoggd zwischer die Still
Und schaud bloß in die Rehrn

Am Middwoch werd die Wochn daald
Ich fühlmi saumäßich zerrissn
Auf jedera Seidn lichd a Daal
Auf alle zwaa is gschissn

All Dooch mein Schlooch

Heid frieh binni aufgwachd
Hobb nedd gwißd, wie mir gschichd
Heid frieh binni aufgwachd
Hobb nedd gwißd, wie mir gschichd
Der Mond woor nu im Bedd drin gleeng
Obber die Sunna hadd scho brennd in meim Gsichd.

Dooch fier Dooch griggsd dein Schlooch
Jeder Dooch is a Kampf, a Geduu und a Grampf
Egool wos ich siech, ich waaß, wossi griech
Ich griech all Dooch mein Schlooch.

Heid frieh hobbermi rasierd
Ich kannder soong, des woor die Schau!
Heid frieh hobbermi rasierd
Allmächd naa, glabbsders, des woor die Schau!
Ich hobbmi gschniedn an der Libbm
A Stund lang hadd des bludd wie die Sau!

Dooch fier Dooch griggsd dein Schlooch ...

Nacherdla binni ausn Haus naus
Ach, häddis bloß nedd gmachd!
Horch, dernooch binni na ausn Haus naus
Mensch, häddi des bloß nedd gmachd!
Am Gehsteich haddsmi hiekaud
Und na binni in a Audo neigrachd!

Dooch fier Dooch griggsd dein Schlooch ...

Heid Nachd wirri hammkumm
Hobbi mei blaus Wunder derlebbd!
Heid Nachd wirri hammkumm
Doo hobbi mei blaus Wunder derlebbd!
Mei Freindin is mibbm Flaschner durch
Und mein Hausschlissl haddsi versteggd!

Dooch fier Dooch griggsd dein Schlooch …

Barradox

Wenns die Leid zu gud gehd, na wernsi grank.
Wenn die Leid zu gud riehng, na gibbds an Gstank.
Wenn die Leid zu schlau sinn, na wernsi gerissn.
Wenn die Leid zu dumm sinn, na wernsi bschissn.

Ja, des is doch barradox!
Doo glotzdmer wie a Ochs.
Doo kannsd du soong, wosd moggsd –
Die Woor is barradox!

Wenns die Leid zu gud gehd, na wernsi schlechd
Und nix isna gud gnuuch, des wosmer denna mächd.
Die Leid, wu arch schlamberd sinn, hamms gnau
   beinanner.
Die wu so orschfreindli sinn, sinn saugarschdi
   aufernanner.

Ja, des is doch barradox!
Doo glotzdmer wie a Ochs.
Doo kannsd du soong, wosd moggsd –
Die Woor is barradox!

Die Leid, wus arch noodwendi hamm, verlagglln ganze
   Stundn.
Die wu alles vom Feinsdn wolln, machn aa gern an
   Lumbn.
Die wu an mords Stolz hamm, hamm ofd an Dregg
   am Steggn –
Arch vill bringersi nedd zamm, obber ihrn Groong,
   den dennsi reggn!

Ja, des is doch barradox!
Doo glotzdmer wie a Ochs.
Doo kannsd du soong, wosd moggsd –
Die Woor is barradox!

Wenn die Leid arch großspuri sinn, verachdnsi des
    Glennsde.
Wenn die Leid rechd rachgieri sinn, versaamersi des
    Schennsde.

Ja, des is doch barradox!
Doo glotzdmer wie a Ochs.
Doo kannsd du soong, wosd moggsd –
Die Woor is barradox!

A Scheißerla

Jede Schnepfn hadd ihrn Schnerpfl
Jede Schwardn hadd ihrn Schlagg
Jeder Schnarcher hadd sei Schusser
Jeder Orsch, der hadd sein Gschmagg

Jeder Stoffl grichd sei Schmier
Jeder Schmarrer grichd sei Stigg
Jeder Schussl grichd sein Schliff
Jeder Schnarcher machd sein Schnidd

Jeder grichd des, wosser brauchd
Obber a Schlagg is oder wos dauchd
Mein lieber Schieber! Wos hobb ich?
A Scheißerla hobb ich!

Jede Schlora hadd a Schlebbern
Jeder Schmuser grichd sein Schmaus
Jeder Spanner hadd sei Schneggn
Jede Schachdl grichd ihrn Strauß

Jeder Schnupfer hadd sein Schmalzler
Jeder Schlugger grichd sein Schnidd
Jeder Schnaxler machd an Schnalzer
Jede Schiggsn machd ihrn Stich

Jeder grichd des, wosser brauchd
Obber a Schlagg is oder wos dauchd
Mein lieber Schieber! Wos hobb ich?
A Scheißerla hobb ich!

Servusla Adeela

Hobberla, Servusla
Sodderla, Edzerdla
Siggsdersla, Achgodderla

A Stiggla, a Drimmla
A Bisserla, a Fitzerla
A Ruggerla, a Bitzerla

Druutscherla, Hascherla
Habberla, Heichderla
Ziepferla, Schisserla

Grischberla, Spreißerla
Schlaggersla, Scheißerla
Schneggersla, Schnuggerla

Rutscherla, Hutscherla
Schlaggersla, Baggersla
Doggerla, Moggerla

Hupferla, Frichdla
Gerschdla, Schiggsla
Britschla, Bixla

Grinskisdla, Greinmeicherla
Wie a Acherla, wenns blitzd
Wie a Bäggla Resi

Auweiherla, a Geierla
Grißdi Godd, mei Schaiferla
Frißdi glei a Deiferla

Ja fraali, Bob Maly
Bisd fei mei Engerla
Griggsd glei a Wengerla

A Scheißerla
Weider nix mehr
Servusla Adeela

In der Waldstraß

In der Waldstraß
In der aldn Waldstraß
Dord woor mei ganze Weld
In der Waldstraß
In der aldn Waldstraß
Des is, wos mich doo häld

Fasd ka Audo sinn doo gfohrn, bloß a boor
So Käfer mid Breznfensder und Winker
Auf die hammer mid Stanniolkiecherle gschossn
Na hadds Schelln geem fier uns Stinker

In der Waldstraß
In der aldn Waldstraß

Der Ray woor a Zupfer und im Cadillac koggd
Mid Haifischflossn und Sitzbank davor
Sei Renate woor des reinsde Kurvnwunder
Alle woorns drinkoggd mid ihr aufdubierdn Hoor.

In der Waldstraß
In der aldn Waldstraß

Beim Frisör hadds die Blausiegel geem
In der Werdschafd den erschdn Fernsehabbarood
In der Schull a Drumm Meedworschdbrood
A Käsbrood mid Lindt-Schoglood

In der Waldstraß
In der aldn Waldstraß

Mid Fransnjaggn und Höfner-Gidarrn
Binni rumgloffn, na hobbi mei Schimpfer grichd!
»Du kummsd daher wie so a Baracknschlamber!
Sowos kammer nedd ooziehng, des hadd doch ka Gsichd!«

In der Waldstraß
In der aldn Waldstraß

Der Wela-Mann mid seine Brüh und seine Subbn
Woor auf der Kreidler mid Beiwoong koggd
Hindn bei die Hooserställ hamm die Bärle gnutschd
Und underm Dach hadds grumbld und groggd!

In der Waldstraß
In der aldn Waldstraß

Erbsworschd und Kardofflsubbn und Baggers
Selbergmachde Bommbomm woorn zu grieng
Des hobbi gmechd und wenni mei Aung zumach
Na kanni Fleischkiegle und des Kerschermännla riehng

Die Gärdnerei und der Kohln-Frenzel sinn ford
Sowos wie die Waldstraß werds nie mehr geem
Der Jerry haddsi in die Eewichn Jachdgründ verzoong
Bloß in mir drin doo sinnsi alle nu am Leem

In der Waldstraß
In der aldn Waldstraß
Dord woor mei ganze Weld
In der Waldstraß
In der aldn Waldstraß
Des is, wos mich doo in Erlang häld

Dord kumma mir her

Wu der Hoos im Pfeffer lichd
Werd der Hund in der Pfanna verriggd.
Die Katz schleichd ummern haaßn Brei
Drum beißd die Maus kann Foodn oo.

Ja so is

Wussi Fuchs und Hoos Gudd Nachd soong
Haggd a Groha aana annern ka Auch nedd aus.
Der Sauhund ziechd die diggsdn Fisch an Land
Und des Kaniggl hoggd vor der Schlanga.

Ja, dord kumma mir her
Dord kern mir aa hie
Wie a Fisch zu der Brieh
Wie a Likeer zum Desseer

Wer nedd waaß, wie der Hoos läffd
Der kaffd leichd die Katz im Sagg.
Wennsder die Wermer aus der Noosn ziehng
Na setzn dir gern aa an Floh ins Ohr.

Ja so is

Wer aufm hochn Roß hoggd
Der gehd auf ka Kuhhaud.
Hasd du scho Pferde kotzn sehng?
Na bisd vom wildn Affn bissn!

Ja, dord kumma mir her
Dord kern mir aa hie
Wie a Fisch zu der Brieh
Wie a Likeer zum Desseer

A boor Jährle aufm Buggl

Wieri jung woor, binni gfloong mid aller Grafd
Nix wie ford, naus aus dem glanna Greis!
Ich wollds schaffn, wolld am Gipfl droom landn
Ich woor dord, und edz kenni den Breis.
Frieher hobbi dengd, ich mach alles besser
Wie all die Leid vor meiner Zeid.
Heid waaßi vill mehr, heid kenni mei Fehler
Edz mergi, ich machs nedd annersch wie mei Leid.

A boor Jährle scho aufm Buggl
Und die drückn mi gscheid im Greiz
Ja, die droochi auf meine Schuldern
So a Aufgoob hadd ihrn Reiz.
Jeder dudd hald, wosser du muß
Und gibbd sei Besdes allerseids
Ach, vielleichd werd ja mid der Zeid
Aus dem Ganzn aa nu wos Gscheids.

Ja, ich geh mein Weech seelnruhich weider
Aa wenni Briegl vor die Fieß gworfn griech.
Der Schmerz und die Narm, die haldnmi warm
Wunderdi nedd, wenns mei Gsichd aweng verziechd.
Ich waaß ka Andword auf dei Froong
Wu fiehrn denn die Zweifl wohl hie?
So viel, wossi heer, des lichdmer im Moong
Obber aans waaßi: Ich kenn mei Melodie.

A boor Jährle scho aufm Buggl
Und die drückn mi gscheid im Greiz
Ja, die droochi auf meine Schuldern
So a Aufgoob hadd ihrn Reiz.
Jeder dudd hald, wosser du muß
Und gibbd sei Besdes allerseids
Ach, vielleichd werd ja mid der Zeid
Aus dem Ganzn aa nu wos Gscheids.

A boor Jährle hobbi scho aufm Buggl
A boor Jährle hobbi fei scho nu Zeid
Und kummd amoll die Stund und es is soweid
Na soochi: Ich bin bereid!

Wimmer sinn, so simmer

Wimmer sinn, so simmer.
Wosmer hamm, des hammer.
Wosmer denn, des demmer.
Wosmer kann, des kammer.

Wos kumma soll, des kummd.
Wies kummd, so mußders nehma.
Wosmer maana, des maana mir aa so.
Wosmer hamm, des laßmer uns nedd nehma.

Wossi kerd, des kerdsi.
Wosmer sachd, des häldmer.
Wosmer machd, doo derzu stehdmer.
Wos an Weerd hadd, des pfäldmer.

Wosmer nedd sachd, des kammersi denggn.
Wosmer dudd, des machdmer gscheid.
Wosmer nedd waaß, des kammersi schenggn.
Wosmer nedd brauchd, des läßdmer die Leid.

Wosmer nedd braung kann, des grichdmer
Und wosmer nedd hadd, des brauchdmer.
Wosmer nedd sehng soll, des sichdmer.
Wosmer nix kosd, des dauchdmer.

Wos mir kaafn, des kammer sehng.
Wos nix dauchd, des läßdmer leeng.
Wos gschehng is, des is gschehng.
Wer wos will, der mussi reeng.

Nachwort

Als im Juni 2016 das 1. Fränkische MundArtFestival »Edzerdla« in Burgbernheim stattfand, hatten viele das Gefühl: »Edzerdla hammers! Endlich gibbds a Festival bloß für unnern Dialekt.« Von daher kommt der Titel dieses Buches. Die ersten Dexde (in dieser Schreibweise kündigt sich bereits die fränkische Sprachform an) sind eigens für dieses wunderbare Festival entstanden und dort erstmals erklungen.

Im Jahre 2012 veröffentlichte ich die Doppel-CD »Gidderbarri«, die 56 Gedichte, Balladen und Lieder enthielt, die fast alle unveröffentlicht und in einem fiktiven fränkischen Ort angesiedelt waren, der auf keiner Landkarte zu finden ist, nur in unserem Geist. Die Theorien und Geschichten, die sich um den mysteriösen Namen Gidderbarri ranken, kann man hier im Anhang noch einmal nachlesen.

Verschiedene Musiker und Musikerinnen vertonten bzw. sangen diverse Dexde auf diesem Album: Winni Wittkopp und Stefan Nast-Kolb, Dietmar Staskowiak und Stefan Kügel, Christine von Bieren, Johann Müller, Heinrich Filsner, Wolfgang Tietz, Wolfgang Buck, Heinrich Hartl und Verena Mörtel, Stefan Grasse und Julia Kempken sowie Annette Lubosch.

Ziel war es, eine vielstimmige fränkische Welt erklingen zu lassen, die unterschiedliche Geschichten und Zeiten, Schicksale und Stimmungen einfängt und liedartig in der hiesigen Mundart ausbreitet. Die Dexde dieses Hörbuchs waren bislang weitgehend unveröffentlicht. Abgesehen von zwei Songdexden (»Die Rosn ausm Grund«, »Die zwaa Soldoodn«), die der Band »Ka Weiber, ka Gschrei:

217

Song-Klassiker auf fränkisch« (2005) enthielt, sind 54 der 56 Dexde des Albums »Gidderbarri« in diesem Buch nun erstmals versammelt: »Edzerdla hammers«.

Meine Zusammenarbeit mit dem Komponisten und Musiker Klaus Treuheit gipfelte 2014 in der CD »Hinnerwidder & redur«, einem einmaligen Projekt, das Mundartgedichte und Orgelimprovisationen live in der Herz-Jesu-Kirche in Erlangen zusammenbrachte. Das Dokument dieses wahrlich unerhörten Wechsel-Spiels bringt 31 Gedichte im fränkischen Dialekt zu Gehör. Der Großteil davon war bislang unveröffentlicht und wird in diesem Buch nun in einem eigenen Kapitel präsentiert: »Edzerdla hammers«.

Meine Arbeit für das Theater ist eng verbunden mit dem Schauspieler Winni Wittkopp. Für ihn schrieb ich die 1996 uraufgeführte fränkische Tragikomödie »Schellhammer«. Nach einem zweiten Teil folgte 2001 das fränkische Musical »No Woman, No Cry – Ka Weiber, ka Gschrei«, das zu einem grandiosen Erfolg wurde. Später folgten gemeinsame Kleinkunstprogramme wie »Rock'n um die Glock'n« und »Gsucht & gfunna« mit der Skinny Winni Band sowie der »Gräschkurs Fränkisch«, der 2020 auch in Buchform erschien. Im Laufe der Jahre vertonte, sang und rezitierte Winni Wittkopp viele Gedichte und Lieddexde von mir und brachte zwei Alben heraus: »Barfißi auf der Herdplattn« (2003) und »Derhamm bis dordhinaus« (2021). Diese Dexde waren bisher größtenteils unveröffentlicht und sind hier nun im Kapitel »Schlenderer & Ziggareddnberschla« schwarz auf weiß abgedruckt zum Nachlesen: »Edzerdla hammers«. Zwei von diesen Dexden vertonte und interpretierte der Erlanger Pianist Arne Unbehauen (1974-2023), der musikalische Kompagnon

Winni Wittkopps, an den hier ausdrücklich erinnert werden soll.

Dieses Buch stellt also einerseits einen Rückblick und eine Bestandsaufnahme dar. Andererseits sind die hier abgedruckten Dexde stark von der Mündlichkeit und Liedartigkeit geprägt, besonders geeignet zum Vertonen, Vortragen und Zuhören. Insofern laden sie dazu ein, ja fordern geradezu dazu auf, sie sich anzueignen und im eigenen Bereich einzusetzen, so dass man am Ende sagen kann: »Edzerdla hammers«.

Anhang: Gidderbarri

Unsere Orte heißen oft anders als sie geschrieben werden. »Schickerhorum« sagt man zu Rauschenberg, Hombeer nennt man »Hoobrich«, und zum Dorf Güthleinsberg sagen die Leute »Gidderbarri«.

Das ist eine uralte Siedlung, ein fränkisches Dorf voller Geschichten, Stimmen und Gesichter. Gehen wir hinein in die Häuser, so schauen wir hinein in Schicksale und Herzen. Wir hören, was die Menschen beschäftigt und umtreibt. Wir lauschen den Gezeiten im Gemüt, den Gefilden aus Sprache und Geist. Wir vernehmen sang- und klangvoll Echos unseres eigenen Lebens.

Gidderbarri – das ist ein dunkles Wort, exotisch und schön schillernd, scheinbar schlicht und ergreifend. In der Mundart bedeutet es heute so viel wie Durcheinander, Wirrwarr, Sammelsurium, Chaos.

Die Herkunft dieses Ausdrucks soll zurückgehen auf den altägyptischen Oberbalsamierer und Grabbaumeister Kitabar, den Verfasser von Echnatons Sonnengesang.

Andere Forscher sehen eine Verbindung zum arabischen Hochgelehrten Al-quit-bras, den Erfinder der Gitarre, des Büstenhalters und des Fensterkitts.

Sprachwissenschaftler vermuten dahinter die keltische Wendung kit'o'parry, eine Art druidische Zauberformel, die im altfränkischen Kindervers »Gschmarri, Marri, Gidderbarri!« noch enthalten ist. Verwandt dürfte dies sein mit dem ostgotischen Ausdruck kruti-riba, was so viel wie »Saustall« oder »Kraut und Rüben« bedeutete.

Dem liegt wohl eine indoeuropäische Wurzel zugrunde, die dem Tohuwabohu der Bibel entspricht, dem Kud-almud-al im Sanskrit und dem babylonischen Drun-da-y-dri-ba.

Dieser Wortsinn erinnert uns an den berühmten Ausspruch von Graf Bibbers in der Schlacht auf dem Lechfeld: »Das ist mir das schönste Gidderbarri allhier!«

Ja, Legenden und Anekdoten zu Gidderbarri gibt es in Hülle und Fülle.

Man weiß von einem ungarischen Adelsspross aus den Karpaten namens Gitaibary, der sich im Dreißigjährigen Krieg im Aischgrund eine bösartige Fleischwunde zuzog, nach dem missglückten Eingriff eines Baders aus Raugseeß leider verblutete und mit seinem letzten Lebenshauch einen furchtbaren Fluch ausstieß, den er mit seinem Namen abschloss: Gitaibary! Sein Grab wird bei Tragelhöchstädt vermutet, die genaue Stelle ist umstritten. Setzt ein Sterblicher seinen Fuß darauf, so heißt es, dann wird er von den schrecklichsten Gebrechen und Schmerzen geschlagen, gegen die kein Kraut gewachsen ist.

Oder kommt das Wort Gidderbarri von Getaparus, dem fränkischen Waffenbruder Karls des Großen? Hat der Wikinger Gitabrane etwas damit zu tun, der den Rhein und Main befuhr, um in Westmittelfranken seinen Lebensweg zu vollenden? Gibt es eine Verbindung zu Guido da Bari, der mit Marco Polo durch Asien reiste und von Albrecht Dürer so bildschön verewigt wurde? Welche Rolle spielt die Opern-Diva und Doppelspionin Gitta Baryt, die eine Affäre mit Napoleon hatte und mehrere Wittelsbacher auf dem Gewissen hat? Wir wissen es nicht.

Eines jedoch wissen wir. Der französische Baron Guy du Barré, ein legendärer Saitenvirtuose, der als Feldherr mit Napoleons Russlandheer durch Franken zog, hat angeblich hier im Ort Gidderbarri eine Wirtstochter umschwärmt und geschwängert, deren Nachkommen das Wort heute noch mit knirschenden Kiefern und geballten Fäusten dem fragenden Fremden entgegenschleudern. Aus dieser Sippe stammt auch der berühmte Räuber und Ausbrecherkönig Berthold Lendenbeiß, der als unvergesslicher »Gitter-Bari« in die fränkische Kriminalgeschichte einging.

Eine andere Theorie zieht ebenfalls eine interessante Verbindungslinie vom Fränkischen nach Frankreich, nämlich zum barocken Modeausdruck Cul de Paris, der in der fränkischen Mundart zu Kidebari wurde und ein gurkenförmiges Polster bezeichnete, das bis ins letzte Jahrhundert von den Frauen an der Hüfte getragen wurde zum Aufbauschen ihrer Trachtenröcke.

Wie dem auch sei, dies ist das Wort, dies ist der Ort, hier spielt sich alles Erdenkliche und Menschenmögliche ab. Gehen wir hinein ins Dorf und in die Häuser. Machen wir uns auf, lassen wir uns ein, dass es uns zu Herzen geht und tief unter die Haut.

Glossar

annd doo	Sehnsucht haben, wehmütiges Verlangen empfinden
Biggerla	Rückenteil des geschlachteten Schweins
Blausiegel	Kondome (Markenname)
Deichd	Niederung, tiefergelegene, oft feuchte Stelle
Doodnnissle	vom Paten oder der Patin (Dot) spendiertes plätzchenartiges Gebäck (rosa oder weiß), das bei der Tauffeier die Dorfkinder geschenkt bekommen
Doogler	Tagelöhner (wörtlich »Tagler«)
Dropfhaisla	das Tropfhaus verfügt über keinen Grund drumherum, das Grundstück endet dort, wo die Tropfen von der Traufe zu Boden fallen
dubbi	tue ich (dubbi – dusd – dudder – demmer – dädder – dennsi)
Einäher	eingefügte Stoffteile (Einnäher), um zu klein gewordene Kleidungsstücke weiter zu machen
fehrdn	vergangenes Jahr (vorfehrdn: vorletztes Jahr)
Ferng	Furchen, Ackerbeete
gäddli	passend (gättlich, vgl. Gatten, Gattung, begatten)
Gloof	Grobian, ungehobelter, derber Kerl
Gnerzla	Brotanschnitt oder Reststück
Haua	Hacke (zum Hauen des Erdreichs)

hinderschi	hinter sich, nach hinten, rückwärts (vgl. veederschi)
keeni	harzreich, kienig (Kienspan, Kienscheit vom Nadelholz)
Kund	Bursche, Kerl, Typ
olber	grob, derb, ungehobelt
pfäldmer	behält man (pfaldn: behalten)
Schiggahorum	die hebräische Umschreibung des Ortsnamens Rauschenberg (schicker: Rausch, horum: Berg), die zum Spitz- und Necknamen wurde
Staach	Steige, Anstieg (vgl. Steigerwald)
veederschi	vor sich, nach vorne, vorwärts (vgl. hinderschi)
zeedi	ungepflegt, unschön, beim Haar fett und strähnig

Die 12 schönsten Erzählungen von Helmut Haberkamm

Helmut Haberkamm
Die warme Stube der Kindheit
Erzählungen
Hardcover, 168 Seiten
ISBN 978-3-7472-0017-9

Helmut Haberkamm ruft Erinnerungen an vergangene Zeiten wach, an alte, beinahe in Vergessenheit geratene Redewendungen und Wörter auch, »mit langen, staubbraunen Schatten, mit Wärme und Licht«. Ebenso einfühlsam wie kritisch erzählt er von den Wunden, die das letzte Jahrhundert in den Familien und in der Gesellschaft hinterlassen hat. Die Geschichten seiner Figuren handeln von Schicksalsschlägen und Ausgrenzung, aber auch von den hellen Momenten, die das Leben immer wieder bereithält. Und wenn Haberkamms Erzählungen in Franken angesiedelt sind und seine Sprache auf unvergleichbare Art vom Mündlichen, dem Fränkischen, gefärbt ist, so wird doch klar, dass er auf kleinem Raum von der ganzen Welt spricht – und von dem, was uns als Menschen ausmacht. Ein echtes Lese-Highlight!

Der historische Roman für Franken:
opulent, poetisch und dramatisch

Helmut Haberkamm
Das Kaffeehaus im Aischgrund
Roman
Klappenbroschur, 320 Seiten
ISBN 978-3-7472-0213-5

Auf der Suche nach einem besseren Leben wandert Bauernsohn Michael Wegmann nach Amerika aus. 1867 kehrt er als gereifter Mann in seinen fränkischen Geburtsort zurück. Mit im Gepäck: ein Sack Kaffeebohnen, ein Klumpen Gold – und der Traum, in der Provinz ein außergewöhnliches Kaffeehaus zu eröffnen. Von den Einheimischen zuerst teils beneidet, teils belächelt, entwickelt sich Wegmanns Lokal bald zu einem Anziehungspunkt. Die unterschiedlichsten Menschen können hier ihre Erfahrungen miteinander teilen und sich ihren kargen Alltag mit Köstlichkeiten versüßen. Gesellschaftliche Umbrüche wie persönliche Tragödien werfen jedoch immer wieder ihre Schatten auf den Ort, an dem Geschichte und Geschichten sich treffen. Kann das Kaffeehaus die Wirren der Zeit überstehen und Wegmann sich seinen Lebenstraum bewahren?

**Für (selbsternannte) Mundartprofis,
Reingeschmeckte und Anfänger**

Helmut Haberkamm
Gräschkurs Fränkisch
Ein Streifzug durch unseren Dialekt in
12 Kapiteln
Broschur, 172 Seiten
ISBN 978-3-7472-0624-9

Passend zum Buch *Gräschkurs Fränkisch*

Helmut Haberkamm
Gräschkurs Fränkisch
Das Quiz
Box mit 66 Spielkarten und Anleitung
42-503641-1904-7

Deutschlands
schönstes Regionalbuch 2019

Helmut Haberkamm
Annalena Weber
**Kleine Sammlung
fränkischer Dörfer**
Hardcover, Halbleinen, 224 Seiten
ISBN 978-3-86913-990-6

»Einem Fremden erzählst du manchmal viel mehr als jemandem, den du kennst«,
sagt Autor Helmut Haberkamm. Er hat sich auf eine Reise in fränkische Dörfer
begeben, auf der Suche nach Gesprächen, in denen eigenwillige Spuren von
Geschichte durchscheinen. Anhand 20 ausgewählter Dörfer hat er nun ein buntes
Mosaik aus literarischen Porträts und Reportagen geschaffen, in denen wichtige
Fragen um Heimat, Identifikation und regionale Besonderheiten auf persönliche
Art behandelt werden. Welches Bild bietet sich ihm, dem Beobachter, von außen?
Welche Geschichten warten dort, wo wir bisher nie gesucht haben? Literarische
Erkundungen, aufmerksame Illustrationen und ausgewählte Statistiken spüren
fränkische Orte auf, die man so – im doppelten Wortsinn – noch nie gesehen hat.

»Dorf für Dorf entsteht ein Panorama der fränkischen Welt.«
Frankenpost Hof

ВАЛЕРИЙ БОЧКОВ

ОБНАЖЁННАЯ НАТУРА

2025

«Любовь "русского разлива" – это вообще психическая болезнь с острыми антисоциальными последствиями».

Ностальгическое путешествие в Москву 1981 года: тополиный пух бульваров, запах летней пыли — всё, как живое. Ты — молод и удачлив, к тому же безумно влюблён. Что может пойти не так?
Конфликт стягивается на горле героев тугой удавкой — любовный, социально-политический, нравственный: что ты готов заплатить за истинную любовь? Ты уверен? Даже если цена будет непомерно высока?

Bibliografische Information der Deutschen Nationalbibliothek:
Die Deutsche Nationalbibliothek verzeichnet diese Publikation in der Deutschen Nationalbibliografie; detaillierte bibliografische Daten sind im Internet über http://dnb.dnb.de abrufbar.

Printed in Germany

ISBN 978-3-689599-86-7